沪游记乐

郭树清 ◎ 著

文匯出版社

目录 Contents

古镇风貌

七宝古镇之漫思/3

恬静的高桥古镇/6

川沙老街古韵浓/10

秋韵古趣南翔镇/13

春游召稼楼古镇/16

周浦古镇风情浓/19

静谧闲适凤凰镇/22

逝去的吴淞老街/25

新场古镇不寻常/28

悠闲的枫泾古镇/31

宁静的泗泾古镇/34

嘉定情思 / 36
探觅丰乐镇老街 / 39
风情泰晤士小镇 / 42
漫步弄堂新时尚 / 45
风韵老街南堡镇 / 47
水墨长卷话安亭 / 50
重返圆沙满眼新 / 52
古镇罗店感怀 / 56
耐人寻味朱家角 / 59

公园见闻

炮台湾湿地公园记 / 65
醉白池如画 / 68
行吟东平森林公园 / 71
重游复兴岛公园 / 74
滨江森林公园 / 77
漫步花海植物园 / 79
领略顾村公园 / 82
红学之旅大观园 / 84
冬日桂林公园行 / 86
漫步瀛洲公园 / 88
郊野春风扑面来 / 90

上海迪士尼印象/94

古朴秋韵水博园/96

冬日的和平公园/100

紫藤烂漫笑春风/102

迷醉如画桃花园/105

故乡樱花最鲜艳/107

浮香绕岸荷博园/110

杨浦公园赏牡丹/113

鲁迅公园枫叶情/116

浪漫开心农场/118

湖光山色映长风/121

乡野风情潘石园/124

美景诗意

东滩湿地候鸟欢/129

西滩芦海/132

漫步徐汇滨江园/135

朝霞映红瀛东村/138

秋阳下上海之巅/143

情有独钟北外滩/146

杨浦滨江的魅力/152

色彩斑斓四平路/155

恬静自然怡沁园 /157
古朴瀛杏湾 /159
美丽的北湖 /162
江海文化农家乐 /165
江岸水畔休闲园 /169
碧波荡漾淀山湖 /172
楹联之乡黄桥村 /175
迷人的"深坑高楼" /178

旧迹往事

浦东老宅留乡愁 /183
犹太难民纪念馆 /186
艺术熔炉土山湾 /189
夜幕下的老场坊 /193
古韵悠悠闻道园 /195
访杜月笙藏书楼 /199
访登瀛书院旧址 /203
广福讲寺巡游记 /208
访高氏贞节牌坊 /211
聆听小镇沧桑 /213
古意盎然广富林 /216
长兴岛上缘觉寺 /219

崇明岛碑名记/223

滨水独宅古民居/226

国歌的震撼/230

游提篮桥下海庙/234

崇明金鳌山掠影/237

浓浓风情古银杏/240

有感三逛大世界/243

闲步揽翠登佘山/246

追寻崇明抗日往事/249

后记/252

古镇风貌

七宝古镇之漫思

　　七宝古镇位于上海西南郊，北临华漕沪青平公路，南界莘庄顾戴路，东倚梅陇镇、虹桥镇横泾港。古镇老街靠新街青年路旁，复古的老街广场气度不凡，气派古老，七宝中心广场是其标志性设施，还拥有钟楼广场、蒲溪广场、古戏院等群众文艺活动场所。老街的南大街以特色小吃为主，北大街以旅游工艺品、古玩、字画为主，老街已成为集"休闲、旅游、购物"为一体的繁华街市。老街掩映在花卉、绿树丛中，错落有致，形成了独特的自然风貌和建筑风格。

　　走进老街，人流如织，古色古香的气韵随风而来。店头街的基本结构是前店后宅，下店上宅，前店面后作坊。漫步其间，原汁原味的古建筑下琳琅满目的现代商铺连成一片，店招林立。每户门面不宽，牌匾却多少透着古朴高悬韵味。听着甜糯的乡音，闻着米糕的香糯、臭豆腐的熏香等味道，其间还出入那些书法艺术馆、皮影艺术馆等文化场所，真给人以其乐融融和岁月交融的感觉,让人不知不觉地便醉在其中。

七宝古镇老街,除了街道两边的商铺,老街还保存着一批有着千年历史的古建筑,这些古建筑,有的规模宏大,有的小巧典雅,翘角飞檐,雕梁画栋,花格木窗,精美别致,以及商铺店牌类的楹联,或古朴雅趣,或文韵斐墨,更有幽默诙谐甚至风流调侃,生动地展现了古镇的历史厚重和文化内涵。

据史料称,七宝镇因寺得名。晋代著名文学家陆机、陆云,人称"云间二陆"。陆氏后人曾建家祠于吴淞江畔之陆宝山,初名陆宝院,后更名陆宝庵。五代时吴越王钱镠巡游驻庵,赐金字莲花经,部曰:"此乃宝也。"因改名七宝寺,三移其址于蒲汇塘之北。宋初七宝里人张泽舍宅拓寺,宋真宗大中祥符元年(1008)志云:"镇无旧名,缘寺得名,寺无他重,因镇推重。"由此,七宝镇正式得名,亦可见当时集镇与城市的名望都同宗教有着千丝万缕的关系和影响。

七宝历史千年绵延,有史可据。然在民间流传着"七件宝"之说,曰:飞来佛、氽来钟、金字莲花经、神树、金鸡、玉斧、玉筷。飞来佛实为南教寺如来铁佛;氽来钟系明永时七宝寺住持僧博洽筹建,传说从河中浮来;金字莲花经乃吴越王钱镠之妃用金粉工楷写成;神树为千年古梓树,在原七宝教寺内。此四件为实物也。玉斧的传说和建造蒲汇塘桥有关。建桥之初,难以合拱,众工匠无策之际,来一白发老者,顺手拿起桥边店家一把斩肉之斧扔于桥下,以垫桥基,塘桥由是得以建成。玉筷说的是古时皇帝赐功臣一双玉筷,能驱毒避邪,功臣将其藏于镇北蒋家桥之东埭桥柱内,后被人盗走,桥柱上遗留下一双筷印。金鸡则说镇北高泥墩下藏有七缸金八缸银,由金鸡守护,所埋金银须由九子九媳之家方可挖掘。

具有一千多年历史的七宝古镇,是上海地区保存完好的典型江南水乡古镇。由于河道纵横,桥梁密布,临街后面是河道,顺着河道望去,碧水潆回,环境清幽,家家户户都绿枝压河面,或重檐叠瓦,或骑楼高耸,或勾栏亭阁,或近水楼台,层层石级通向河埠,有划船穿过小河时,人景辉映,构成了一幅宁静美丽的江南水乡风光画卷。

七宝古镇,素有"十年上海看浦东,百年上海看外滩,千年上海看七宝"之美誉。七宝古镇不仅记录着这里的过去,更会成为未来发展的"根"。这次来七宝古镇短短半日游,度过一段难忘而快乐的时光,把自己融进这座古镇里,真切地感受古镇之美,被这里的一切深深吸引和征服。在这里,沿河两岸错落有致和各具风格的新老建筑像五线谱上那些跳动的音符,正在演奏一曲激昂的交响曲,给人以和谐、舒心、浪漫、诗意和遐想。

午饭后,当要离开古镇时,忽然间,从那古朴的茶馆里传来一阵悠扬的评弹表演唱声,在古镇回荡,在我的心里漫思。

恬静的高桥古镇

高桥古镇位于万里长江、黄浦江和东海的交汇处,其早在唐代逐渐成陆。高桥古镇始兴于明代,发展于清代,兴盛于民国。高桥先人在此依水而居,临河建街,从而形成小桥、流水、人家的江南水乡古镇风貌。据称,高桥曾有30多座庙,上百座桥,4 000多家店铺。沧海桑田,高桥镇经历了由海成陆,由陆为岛,再次成陆的演变,当年的江心岛现与高桥连成一片。当年的护塘堤坝现已成为浦东北路。当年星罗棋布的庙宇已无迹可寻。

高桥是中国历史文化名镇,是一方藏贤纳古的土地,这里有着悠久的历史、深厚的文化底蕴和独特的人文景观。高桥的文物古迹众多,宋有黄俣墓、顺济庵、法昌寺,明有永乐御碑、老宝山城、双孝坊。夏日的一天,来到古镇,映入眼帘的是,青石条铺的街道,静谧的小巷,古老的石桥,古朴的建筑,宛如一颗颗珍珠,被水道街巷所串联,散发出迷人的人文魅力。漫步在光滑又湿凉的条石铺成的街道上,就像步入了幽深的时光,充满古朴、恬和、宁静、典雅气息。我们首先来到建于20世纪30年代初的仰贤堂，它坐落在高桥镇东街81—83号，建筑面积1000平方米。这是一幢中西合璧的海派民居建筑，结构上采用西式钢筋混凝土框架的假三层楼房，造型雄伟中透出玲珑秀致，犹如一座坚实的城堡，巍然屹立在胜利桥畔。

走进仰贤堂，这里的主楼为一厅两厢房，其东有二层楼书房，地下还建有密室，大厅里既有雕刻二十四孝的落地长窗，又有洋式吊灯，厢房里既有中式隔房挂落，又有西式壁炉。主人沈晋福，1886年出生于小浜路的老宅"兰发堂"，他14岁到浦西当学徒，后在上海南市公义码头创办"晋泰号"杂货店起家，1931年委托亲家蔡少祺（营造商）在故里高桥港边建造了"仰贤堂"。这是幢难得一见的中西合璧海派老宅，高桥历史文化陈列馆就设在这里。来自民间600余件生产、生活用品及图片，浓缩了高桥上千年的历史，较全面地反映了高桥的历史、文化、生产、生活以及民风民俗等各个方面。所见所闻，我被这里的一切陶醉了，尤其是那一件件实物和一幅幅图片、书画，仿佛回到了明清时代，眼前隐隐浮现身穿明清服饰的文人骚客、才子佳人在此品茗、高歌咏诗、挥笔泼墨的情景。

漫步高桥古镇街巷，仿佛穿越到了古代，这里保存着众多的古建筑，有古仪门、古民宅、古石桥等。坐落在高桥港畔的"高桥人家陈列馆"设在古朴典雅的"凌氏民宅"里。该宅建于1918年，是五开间三进深的中式庭院，占地1.8亩，共有36间房，建筑面积1200平方米。房主凌祥春1886年生于高桥，他出身贫寒，13

岁去上海学生意，后来自己开了"义丰"皮革店，经过艰苦创业，诚信经营，事业有成后，在高桥买地建造此宅。整个宅院，建筑布局严谨，豪华雅致，青砖灰瓦，雕梁画栋，门窗、廊檐雕饰精美，山墙采用观音斗，无不透出巨贾豪宅的不凡气度。宅内随处可见匾额、楹联，并摆设着几百件种类繁多的古色古香的古董，按照传统的风俗，精心布置，让游人重新看到了当初一个家族的居住和生活场景，更是当年众多大户人家的一个缩影，似乎走进民俗繁茂的景观中。细看这些匾额和家训，深深地被其中蕴含的传统文化所折服。

由于"一战"以后，西方列强自顾不暇，上海城市得以快速发展，高桥人抓住机遇发挥优势，建筑营造业在沪上独领风骚。著名的营造商有谢秉衡、周瑞庭、陆鸣升、王松云、钟惠山、叶宝星、杨瑞生、姜锡年等，高桥人无不为当时响亮的高桥"泥刀"而骄傲。上海滩上不少著名建筑工程，包括亚细亚大楼、国际饭店、永安公司大楼等都出自高桥人之手。那些赚到大把白银的高桥承建商们荣归故里，凭着他们的巧手和才智，建造了众多豪宅。据资料揭示，高桥现保存的各类名宅就有36栋之多，浦东的名宅保护建筑仅在高桥就占了40%。老街依"丁"字形河道而建，周边名宅连片，这里的蔡氏民宅、黄氏民宅、印氏民宅、敬业堂、树德堂和钟惠山住宅等，各具特色，各有看点。

独特的一方水土养育了独特的一方人，高桥可谓名人辈出。如元代航海家、漕粮海运第一人张瑄；明代著名的清廉御史沈灼兄弟；学贯中西、精通西方火器的徐光启门生抗清名将孙元化；清代文人沈征、程上选等。近代的海上画派宗师钱慧安、市政建设先驱李平书、海上闻人杜月笙等也于此出生。在高桥,还有更吸引人们眼球的是,闻名遐迩的高桥绒绣,被称为"东方油画",已被列入"国家非物质文化遗产名录"。置身于"高桥绒绣馆"里,那形象逼真、色彩丰富、层次清晰、立体感强的幅幅绒绣作品,让游客们赞叹不已。

走累了、走饿了,沿街的各种小吃特别诱人。这里随处可见被誉为"沪郊百宝"之一的高桥松饼。此饼因酥皮层次分明、每层薄如纸片,又称千层饼,其松软香酥已刻在"老上海"们的记忆中,现已列入市级非物质文化遗产名录。此外,高桥的上海本帮菜肴不错。老街上的德兴馆,那里有新鲜、正宗地道的本帮菜,味道比市内一些饭店纯,价钱则便宜得多。

高桥古镇一游,引怀古之思,生流连之感。这座朴素的古镇,拥有着中国江南水乡古镇所拥有的水乡风情和精巧雅致的民居建筑。一路上,深厚的历史和浓郁的文化气息随处可见。这座朴素的古镇,装有寻常百姓的快乐和梦想,更是可以让你融入其中,在轻松的氛围中游览、休闲和享受农家菜的美味。

夕阳西下,站在古镇的石桥上,举目眺望,小河之水宛若一条旖旎的飘带,洋洋洒洒穿过街巷逶迤流淌,两岸风光构成一幅美不胜收的画卷。微风吹来,那粼粼波光泛着红晕的水面,那古色古香的建筑和三三两两走着的人群,以及桥畔民宅的倒影犹如水中的宫殿……那么静谧、那么安逸、那么悠闲,仿佛自己融进了这幅生动而美妙、和谐、自然的完美画卷。

川沙老街古韵浓

从市区乘坐申川专线车,穿越杨浦大桥,大约一个多小时的车程,便可到达浦东川沙古镇。刘禹锡《陋室铭》中曾言:"山不在高,有仙则灵;水不在深,有龙则灵。"同理推之,"城不在大,有人则灵;人不在多,有魂则灵"。川沙古镇便是矣。

走进巷口,踏着光滑、古老的青石板,向老街深处走去,犹如走进悠悠的历史长廊。一排排保存完整的明清古民居静静地伫立着,触目皆是做工精细,图案清晰,栩栩如生的石雕、砖雕和木雕,以及透着古意的祠堂、书院、牌坊、庙宇,还有那古老的门罩、天井、房梁、漏窗……都仿佛在告诉后代及游人这曾经的历史沧桑,古镇的精美与韵致尽在不言之中。

古镇内河浜纵横交错,水面上碧波荡漾,两旁的堤岸上绿树成荫,岸边贴水而建的亭台、联廊曲曲折折,有凌波的感觉。特别是星罗棋布的桥梁似乎在默默地穿越着老街的前世今生,成为古镇的另一亮色。古镇老街两旁错落有致的粉墙黛瓦皆镶嵌在古色古香的水巷民居之中,整条街面的商铺和木板楼房鳞次栉比,其中有不少还保留着旧时的老字号店招和原貌。走近看,几处"文革"期间的标语仍清晰可辨。

登上古老的城墙,这里茂林修竹、古木参天,却依然焕发着葱茏的风姿,显现当年的恢宏和威严。据史料记载,明嘉靖三十六年(1557)朝廷从里人乔镗、王潭之请,兴筑川沙城。九月始筑,十一月竣工。城周围4里,高2丈8尺,阔3丈有余。门四,堞楼如之,东门名镇海,西门名太平,南门名迎瑞,北门名拱极,月城四,雉堞372垛,炮台12座,吊桥4处,濠阔12丈,深1丈5尺。同时,在历史上,城墙于明万历二十一年(1593)、清康熙二十二年(1683)、乾隆三十七年(1772),以及嘉庆十五年(1810)进行过几次修葺。以后因经费未核作罢,导致失修、损坏和拆除。如今,历经461年沧桑岁月,仅存城厢镇小学东南遗址城墙一角(现被列为区级文保单位)。古城墙上魁星阁高高耸立,飞檐翘角,无言地叙说着川沙人崇文重教的儒雅风尚。还有烽火台、古炮、诗碑等遗迹,气度不凡,典雅凝重,散发着中华民族的古典审美情状。

古城墙不远处的"内史第"黄炎培故居仍保存完好(现被列为市级文保单位)。现在"内史第"可谓大名鼎鼎,一些曾经在中国近现代史上叱咤风云的历史名人在此生活过。"内史第"又名沈家大院,是一幢砖木结构的三层楼房,占地面积3 400多平方米,总建筑面积1 800多平方米,系清代著名金石学家、书画鉴赏家沈树镛(1832—1873)祖上建于清道光年间。这座有着170余年历史的宅第英才辈出:其中包括中国近现代爱国主义者、民主主义教育家黄炎培1878年诞生于此宅第三进院内,民主战士黄竞武,水利专家黄万里,著名音乐家黄自等黄氏子弟均诞生于此。宋耀如与倪桂珍夫妇携子女于1890年至1904年在此生活了10余年,宋氏姐弟在此度过了美好的童年时光。因此宋庆龄和宋美龄直至晚年,她们的讲话还带有浓郁甜润的浦东乡音。有人为内史第宋庆龄诞生地题联:"春秋十度凭飞去,乡音一口认归来。"

据称,宋庆龄于1893年诞生于"内史第"第一进西侧沿街的房内。著名的翻译家傅雷曾租住于此。"新文化旗手"胡适也与内史第有过不解之缘,1892年2月,胡适父亲胡铁花调任台湾前,曾将妻儿带至川沙,在内史第租下一间厢房安置下来,随后一年多时间,胡适就在这里度过了他的幼年生活。

有人说,古建筑、古文化、古树名木、乡贤达人无疑是一座城市的乡魂,川沙古镇有那么多的历史承载,不正是这座城市的魂么?

秋韵古趣南翔镇

国庆节期间,乘着台风"康妮"的远去和雨过天晴的好天气,来到南翔古镇。

"金罗店、银南翔、铜江湾、铁大场,教化嘉定食娄塘、武举出在徐家行。"一首流传数百年的民谣,道出了南翔独特的历史地位。进入古镇,街贯巷连,处处古趣盎然。一幢幢粉墙黛瓦的民居、亭廊楼榭,沿溪林立,错落有致;河道纵横,古桥众多,弹格长街商贾云集,砖雕门楣、镂空花窗、雕梁画栋,时光似凝固。游览檀园、云翔寺、双塔、梁朝井以及南翔历史文化陈列馆,这些有着年份的名胜古迹,像极了一件件大古董,游客仿佛置身于古画中。

南翔古镇有着千年历史,在 2016 年成功入选全国重点镇名单。老字号特色的商业街——人民街,汇聚了"大昌成""日华轩""长兴楼""集美楼"等数十家百年老字号;文化休闲一条街——共和街,街内由 9 个江南小庭院串联而成,布局合理,文化气息浓郁,紧邻明代名士李流芳的私家园林"檀园"隔河相望,休闲长廊

"尚贤坊"临街，横沥河上游船摇曳，更是一道独特的风景；中医特色文化街——和平街，以医、药、技、历、文、养、膳和园八大功能及业态板块为核心，打造出全国独一无二的以中医药文化长廊连接南街老街及古猗园历史文化景区，营造沪上"中医"地标。

古猗园内有着丰富的竹资源。据称，园方从全国竹种资源地，引进了极具观赏价值的观杆竹，如"龟甲竹""圣音竹""凤尾竹"等达数十种之多。秋天的竹林十分幽静，一片片竹林郁郁葱葱，绿意盎然，一排排栾树开着鲜艳的红花和泛着浅黄色的银杏树点缀其间，在秋阳的照射下光鲜夺目，美不胜收。荷花园虽已看不到荷花的踪影，荷叶也已半绿半黄，但荷茎依然挺立水中，生机勃勃，别有一番韵味。有趣的是荷叶间有几只水鸟，带领着一群刚出壳的小水鸟在嬉戏。小水鸟叽叽呀呀地叫着，形影不离地跟在父母身边，时而在水中悠悠地游来游去，还不时地与水中的鱼儿追逐嬉戏；时而又躲进荷叶间，只闻其声，不见其影，惹人喜爱。漫步在各具特色的牡丹园、黄杨园、樱花园、梅花园、桂花园和盆景园，众多游客纷纷被美景所吸引，拍照留影，摄下这美好的一刻。

老物件馆正展示着由上海市杨浦区收藏协会提供的20世纪70至90年代各种计划票证，上海公交车票、海鸥牌照相机、三五牌台钟、红灯牌收音机，以及BP机和印有各种厂家名字的搪瓷茶杯等老物件，让游客仿佛穿越时光隧道，勾起旧时的记忆，令人感叹改革开放给全社会带来的巨大变化。那土家族竹雕展馆，展示着土家族竹雕，将土家族特色建筑，按比例微缩手上，以湘西优质楠竹为材料,构思奇特,技艺精湛,造型古朴典雅,充分展现了土家族人民的无穷智慧和古老的民族文化。

午餐自然会把美名享誉天下——非物质文化遗产的南翔小笼列于首选,来到一家有着百年历史的老字号南翔小笼馒头馆,要了一份美美地吃起来,那鲜香多汁的美味,久久地留在唇齿间。

徜徉在有韵味、有温度、有鲜活度的时尚特色古镇,温馨醉人的美食与美景带来了心中愉悦。

春游召稼楼古镇

从市区坐地铁 8 号线南下至沈杜公路,再转乘 175 路公交车行驶约 10 分钟,便来到了位于闵行区浦江镇革新村内的召稼楼。

召稼楼已有近千年的历史,堪称上海垦荒第一楼,农耕文化发祥地。相传南宋绍兴年间谈德中在瞥湖岸畔搭建了专门用来召唤农夫垦荒稼耕的小楼,人呼召稼楼。后形成了以小楼为中心的集镇。约至元代,召稼楼已成为浦东垦荒中心。明朝中叶,谈氏后人改建召稼楼,上悬大钟,敲钟召唤农夫下田劳动、歇息、收工。垦荒业的不断发展,使海滩荒地成了粮棉之仓,召稼楼遂成浦东都会。

召稼楼是集厚重的历史文化和秀丽的自然风光为一体的水乡古镇。走进古镇,首先映入眼帘的是,斑驳的石板,曲折的弄堂,鳞次栉比的观音兜、骑马墙织曼妙成景;粉墙黛瓦,小桥、流水、人家,浓郁的江南风情沁人心脾;梅园、礼耕堂、宁俭堂等老屋宅邸古朴典雅,风华依旧,引人思绪悠悠。砖木屋檐上随处可见成串的红灯笼,充满着浪漫朦胧的意境。缤纷的广告旗帜和店招牌匾沿街密布,让老街平添了喜庆和吉祥,仿佛让人置身于安徒生的童话世界。

徜徉于礼园,这里是礼拜先贤的圣地,修身养性的园林。在这座风光秀丽的园林里,乡人为两位改写上海历史进程的先贤——上海城隍秦裕伯、浦江合流第一人叶宗行建造了纪念馆,供人缅怀和祭拜。置身其间,树木葱郁,遮天盖地,绿意盎然,繁花似锦,鸟儿鸣唱,嘤嘤成韵。园内假山、亭台和整洁的步道曲径通幽。河水潺潺,碧波荡漾,小船悠悠,给人一种安宁祥和和诗情画意的江南景色。

召稼楼地方不大,人口不多,可人文传统却深厚,名人大家荟萃。召稼楼历来被称为海滨邹鲁,耕读传家,文教发达,绿野私塾、春雨草堂家塾、广智学堂等众多学校培育了一代又一代江东才俊。张闻天、黄炎培、曹汝霖等都曾在这里的绿野私塾、春雨草堂家塾、广智学堂就读启蒙。走进召稼楼,浓郁的书香气息在古镇弥漫,浸透着这里的每个角落,无不让人感受到此地丰厚的文化内涵及乡风民俗。

召稼楼古镇水网交错,河道纵横,溪水绕街,古桥众多,连街踵巷,被称为桥的天地,最有名的是望海桥、瑞徵桥、礼陆桥。春风惬意中,沿石阶登上礼耕桥的石拱桥面上依栏眺望,阳光普照,春色悦目,古镇美景一览无余,那幽静恬淡与雅致严谨的格局,濡盈心田。湿润温热的河面微风轻拂,宛如一串串珠帘的垂柳随风摇曳,河岸两旁无尽的绿意夹裹着波光粼粼的河水在眼前一路欢歌,一路怡情。

　　走过一条条石板路,跨过一座座古石桥,饱览了古镇自然美景之后,缓步在蜿蜒狭窄的召稼楼街巷,人流如潮,人头攒动,沿街商铺林立,商品琳琅满目。各种土特产、老字号糕点,富有地方风味的美食小吃,品种繁多,扑鼻的香气散发于古镇上空,鲜美诱人。行走在主牌楼古戏台前,传来悠扬的歌声,服饰艳丽的艺人,演绎着动人的具有民间乡土艺术特色的地方曲艺,那滋润心扉的音韵腔味,引得游人驻足观看,似梦似幻,赏心悦目。

　　古朴的召稼楼,清新、自然、秀美,颇有古今合一之风情。春游召稼楼,春心荡漾,身心愉悦,恍若超凡脱俗,让人陶醉。

周浦古镇风情浓

寻访周浦古镇,是我心仪已久的事。早就听说周浦有着"浦东十八镇,周浦第一镇"的美誉,号称"小上海",却一直未有机会亲睹其芳容。今年夏日的一天,我终于如愿以偿,得以领略到千年古镇的雅韵与诗情。

走进古镇,一块巨型雕塑,上刻的"周道致广、浦江澧溪"及"小上海"几个金色的大字深深地吸引了我。"澧溪",就是四周河多桥多的意思。如今镇上仍有澧溪剧场,让人回味历史。其时正值假日黄金周,街上商铺林立,人头攒动,尤其是那黄金商店,各种促销广告五彩缤纷,琳琅满目,使假日的气氛更加浓溢。

周浦富有江南水乡特色,漫步街巷,扑面而来的是清爽干净的舒适感和充满生机活力。镇内曲径通幽,明清建筑粉墙黛瓦,参差错落;那些精美别致的高屋飞檐,木格窗棂以及古朴狭窄、青石板铺就的老街,连接起大街小巷,生动地展现了古镇历史的厚重和文化内涵,仿佛让时光退回到上世纪的岁月。

走进街巷,人流如织,古色古香的气韵随之而来。街上的小吃铺鳞次栉比,其中既有本地的传统小吃,又有各地引进的地方什锦,都香气四溢,诱人蕾觉。这些吃食摊点都是现做现卖,货真价实,因此吸引了众多游客争相选购。我来到一家烤大饼的摊位前,买了一只先行品尝,果然名不虚传,是多年没有吃到的老味道,于是便爽快地买了一包带回家去。镇上的"三阳泰"老店,以状元糕、八珍糕、鸡蛋糕闻名,而"三阳泰糕点制作技艺",如今被列为上海非物质文化遗产名录;还有那鲜嫩飘香,肥而不腻的白切羊肉更是受到游客的青睐。

穿过小巷,走进一户农家小院,满眼葱郁。迎来的是一位正在菜地干活的长者,虽头发已花白,但精气神十足,眉眼透出和善,得知我是从城市来的游客,对他家的小院产生兴趣时,便滔滔不绝地介绍起小院里长势喜人的作物和花草来。在这兴致盎然的说话间,我忽然发现这里的人同外面大都市的人相比,面容表露出真诚、纯朴、热情和安详。

此地先民自唐朝天宝十载(751)始,从海边渔村发展为浦东腹地,迄今已有1 300多年的历史,真可谓是人文荟萃,商贾风流,物华天宝,人杰地灵。明清时代的周浦镇十分繁荣,石桥、木桥环绕着整个古镇,其中汇龙桥、环龙桥、老石桥、城隍桥、钥匙桥、悦和桥、紫潼阁桥等40余座古桥流传至今,我们从这些桥名中便可领略到其历史和文化的底蕴。桥下河道有东八灶港、年家浜、咸塘港、六灶港、七灶港等10多条。民国期间,此地又通航小轮船,码头便成了商贾的集散之地。后来小火车又将周浦与百曲、三林、杨思、塘桥、周家渡等连成一片。四通八达的交通,让当地人乘船便可过黄浦江,因此十分便利。

　　如今的周浦,已是高楼林立,错落有致。河道纵横,碧水潆漾,环境清幽。交通便捷,从市区坐地铁转乘16号线或乘坐专线车到周浦,仅用一个小时便可到达。当坐车离开时,已是太阳西斜,我凭窗沿路观览,五彩斑斓的夕阳下透着浓浓古韵的老街与四周新颖别致的高楼,相映成趣,构成了一幅祥和、安谧的美景……

静谧闲适凤凰镇

长兴岛上也有凤凰镇,此镇位于该岛中部南沿马家港的两边,架设在河面上的那座双木桥便称"凤凰桥"。起先镇上仅有两片店主叫顾卿凤和黄朝相开的小杂货店,以后随着渔户密集,港口渔舟泊岸增多,于是街市也不断繁荣起来形成集镇。当地人为纪念他们,就在二人的姓名中各取一字"凤"和"黄(凰)",称此镇为凤凰镇,意谓此镇人杰地灵,连凤凰也肯来落脚。

马家港的来历与岸边一户马姓人家有关。以前过往长兴岛的船家遇到困难常到马家求助,而马家人总是有求必应,鼎力相助,马家宅院成了渔船靠泊之处。久而久之,人们便将该港口简称为马家港。

20世纪50年代,凤凰镇日渐成为新型集镇;60年代,先后开通了吴淞至马家港客运航线和通行公共汽车;70年代,街面改造拓宽,那座双木凤凰桥也翻建成跨度达26米的钢筋混凝土拱桥,仍称凤凰桥。1974年建立的凤凰水站,向居民供应自来水,结束了自古以来用河水和井水做饭的历史。1985年马家港用石料、混凝土加固堤岸,筑砌护坡加重立式墙。一直到90年代末,凤凰镇沿街店铺相连紧挨,甚为繁荣兴旺,成为岛上政治、经济、文化的中心。

近年来,随着社会的发展和长兴岛海洋装备产业基地建设的需要,开辟了新区,凤凰镇上原有的行政机构也随之迁入新区,商店被分设到各社区,过去那繁盛的街巷,如今成了民风淳朴、环境整洁、人文历史和自然生态交相辉映的风情小镇。

冬日的一天,我兴致盎然地来到凤凰镇,走进街巷,眼前静谧闲适,行人稀少,绿水辉映,一条条被绿草和鲜花抱着的小径蜿蜒曲折,一座座植着花草树木的街心小花园穿插其间,散发着传统民俗气息。街巷连接着悠悠岁月,充盈着浪漫色彩,更是紧连着当地经济、文化和百姓生活。

凤凰镇北侧的"缘觉寺",是1994年在原"垂珠园"的遗址上经10多年的分阶段改造,重新建起的目前长兴岛上仅有的一座佛教寺院。进得园区狭长的庭院,飞檐翘角,雕梁画栋,精美别致,辉煌庄重。翠绿的树木,郁郁葱葱,流水潺潺,曲径通幽。那耸立的宝鼎,玲珑雅致,香炉里袅袅香烟,烛亭内闪闪红光,僧人的诵经声和信众们的祈祷声,轻声细语,彬彬有礼,不由令人心生敬意。那尊高6米、全身洁白的观音佛像耸立在寺院中间的亭台楼阁、假山水榭间,显得出尘脱俗,清净庄严,成为崇明区最大的露天大佛。

走出寺庙大门,极目远望,天空明净,碧绿无垠的橘园枝叶婆娑,层层叠叠,楚楚动人。还有那一条条河渠、一丛丛树木、一排排屋舍,一片片农田自成一景,三三两两的白鹭时而在田间悠闲觅食,时而在蓝天自由翱翔。那一片祥和里,浸透着诗情画意,尽享着自然魅力,令人心旷神怡。

徜徉在凤凰桥头,那穿街而过的马家港碧水盈盈,波光粼粼,河面倒映着蓝天彩云,河水如一条银色的飘带自南向北蜿蜒流淌,呈现着无限的画境和诗情。环顾四周,那南岸边船厂高大的塔吊伸出长长的臂膀在缓缓转动着。两岸那一排排姿态优美的水杉、楝树、榆树、合欢,夹杂着常绿的樟树、玉兰、桂花树和杜鹃、茶梅、月季等开花植物,在冬阳的照耀下,多姿多彩,交织辉映,形成了花叶共享、色香俱佳的绝妙美景。那一幢幢沿河而居、造型迥异的农家小楼,街贯巷连,巧妙组合,相映成趣,宛如一幅和谐优雅的风情画卷。

舒适的环境使人健康长寿。凤凰镇第一代店主黄朝相的妻子姚敏秀老人今年已 104 岁,依然眉清目秀、精神矍铄、手脚灵活、乐观开朗,始终保持好心态。老人的子女们对老人的孝敬在长兴岛上有口皆碑,三个儿子陪伴老人同住一起,相濡以沫。老人的子孙个个都有出息,小儿子黄俊明患有眼疾,但却是长兴岛上出了名的民间艺人,吹拉弹唱样样都会。如今他们是儿孙满堂,人丁兴旺,一家人过着甜甜蜜蜜、共享天伦的幸福生活。

逝去的吴淞老街

提起吴淞老街,对于上了年纪的崇明人来说,一定记忆犹新,情有独钟。吴淞扼黄浦,依长江,临东海,是上海的水上门户。那时候,凡岛上人到上海或去外地,无论从南门港或堡镇港坐船,吴淞是必经之地。那时候,从崇明堡镇至吴淞的船票是 0.45 元,路程 90 分钟。在崇明人的记忆里,吴淞因码头而存在,因码头而繁忙……

20 世纪 60 年代末,我离开崇明到大连海军部队服役(那年我正好 20 岁),每次回老家探亲,都要先坐船从大连到上海公平路码头,然后赶往老北站,坐 51 路公交车到吴淞码头,再转乘开往崇明岛的客轮。在码头等候上船的那几小时中,我常常到吴淞街巷去逛商店,或到码头旁的公园里小憩,在那静谧的黄浦江畔沐浴江风、欣赏美景、放松心情。要是遇上台风、浓雾或过了班次赶不上回崇明的轮船时,我还得在镇上耽搁一晚。军旅生涯 23 年间,以及 90 年代初转业在市区工作后,我已记不清有多少次在家乡与吴淞间往返,吴淞老街给我留下的印象,实在是难以割舍。

记忆中,那时的吴淞老街,淞兴路算得上是条主干道了,狭窄的街道,全由石板条铺就。那石条已被无情的岁月打磨得光滑锃亮,行走其上,古朴而清悠,令人遐想联翩。沿街的民居和商铺,都是些两三层的楼房,清一色的粉墙黛瓦,倒也别有一番风情。街上食品店、百货店、南货店、饭店、照相馆、旅店比比皆是,街头巷尾人声鼎沸,川流不息。那些油漆斑驳的老店招让人感受到逝去岁月的沧桑。人群中更多的是乘船人或下船人,他们大多大包小包,手提肩扛,人来人往,摩肩接踵,热闹非凡,处处洋溢出昔日老街巷的繁华。

那年头,老北站开往吴淞码头的 51 路公共汽车上,满车的人几乎都是带着崇明口音的乡亲们,面对此情此景,一股亲情感油然而生。其时,我总会情不自禁地与他们攀谈一番,45 分钟的车程很快在融融的乡音中不知不觉地度过。

90 年代中期,老街经改造,建成了吴淞新城。进入新世纪,尤其是长江隧桥的通车,让吴淞客运码头完成了它的历史使命。如今岛人到市区已很少再乘客轮;即使乘船也改从宝杨路码头坐高速客船,许多人还选择乘申崇专线,既快捷又方便。吴淞老街,这条建于清朝乾隆年间,已有 200 余年历史的老街终于淡出了人们的视线……

近日的一天,我来到已阔别 10 多年的吴淞,好像来到了一个完全陌生的城市,这里的一切都发生了翻天覆地的变化。行走在吴淞大街上,任凭搜肠刮肚想找回些许当年的感觉,却仍然渺茫空白。以前码头周围及老街上的那些老建筑早被高楼大厦所取代,原先的老商铺换成了色彩艳丽的店招,以及到处是各类商品的促销广告,狭窄的石条路也早已成了又平又阔的柏油路,这里真的是"人生地不熟"了,老街老镇终于变得行人稀少,静谧安闲了。

  不见了当年的热闹,我的心头总有那么点说不出来的依恋和怀念。然而这却是历史进步、城市发展的见证,对此,我的心里又感到无限的欣慰和振奋……

新场古镇不寻常

寻觅美景不一定非到远方,其实只要留意,我们的周边就有。日前秋意正浓,我和老伴迎着蒙蒙细雨,搭地铁 16 号线去了浦东的新场古镇。该镇历经千百年的变迁,近年来正焕发新的活力,成为浦东地区规模最大、历史文化遗产最丰富的风貌区,并荣获"中国历史文化名镇""中国民间文化艺术之乡""全国环境优美乡镇"等美誉。

新场,古称石笋里,坐落于上海市区的东南角,浦东新区的中南部,以前属于南汇县管辖,至今已有 1 300 多年的历史。此地元代的时候是海塘,明代的时候成为盐场,至清代和民国时期,已成为上海原住民的家乡,南汇人所讲的土话,实际上就是上海本地的方言。以前南汇县境内有四大名镇,世称:金大团(大团镇)、银新场(新场镇)、铜周浦(周浦镇)、铁惠南(惠南镇)。可见其名声久已在外。

漫步街巷(其中老街长 2 000 米),古意盎然。镇两边传统式样的古门楼、砖雕门楼、黑漆门、青瓦屋顶、马头墙、观音兜、哺鸡屋脊及老木窗、木排门、老墙头、雕窗、砖花比比皆是；古宅、古桥、古寺、古树、古牌坊、古建筑也琳琅满目。这些宋元时期的遗址遗物，明清时期的宅院，民国期间融中西建筑风格于一体的宅邸相映成趣。那些老屋的屋顶瓦片缝隙中，偶尔还会探出一束束艳丽鲜活的瓦花(系多肉类植物，呈紫红色)，更显老屋之生机。

新场古镇历来是人文荟萃之地。千百年来此地才人辈出，俊贤济济。单是明清两代，出了19名进士，46名举人，上百名秀才；当代则有三院士，他们是：中国通信科研教育泰斗叶培大，中国化学学科奠基人唐有祺，空间领域的一面旗帜黄培康。此地有乡绅名贤，如心系乡里兴办义学的方镛，官居高位德才俱佳的朱国盛；还有以实业救国、创立"固本肥皂"的叶汉丞，新中国第一代女飞行员陆心安等，实乃地灵人杰矣。正因为有许多闻名海内外的人物或出生或生活在这里，因此便衍生出不少名人故居和纪念馆。在这些古居、古宅的后面、旁侧，都附带建有一座座典雅灵秀的花园，其中的楼台亭阁，廊坊桥榭、厅堂房轩都小巧玲珑，让人陶醉而流连忘返……

新场古镇还是我国民间艺术的宝库。浦东锣鼓书、浦东琵琶、江南丝竹、灶花、卖盐茶等已成为国家级非物质文化遗产；老八样传统菜肴以及"新场青""蜜露桃""椒桃片""海棠糕"等特色美食，历为人们所称道。这里的石雕工艺、古玩陶瓷、书画装裱、白铁修理、特色土产、布店、茶楼、书场等老字号店铺鳞次栉比，民间手工匠人制作的竹编和木刻制品也琳琅满目，随处可见。

古镇风貌保护区的四周是农田,置身其间,河网交织,果树成林,蔬果飘香。上海市每年春天的第一个旅游观光点——上海桃花节的主要景点之一就在新场。届时,整个新场简直是一个缤纷烂漫的桃花世界,花丛中,赏花游春的游客络绎不绝,呈现一派"人面桃花相映红"的壮美景象。在古镇的街头巷尾,时有附近的农民拿来自己种的蔬菜瓜果或刚从河里捕来的鲜活鱼虾摆摊叫卖,古镇传统的市井生态时时可见。

　　告辞新场古镇时,天空已开始放晴,太阳露出了笑脸。透过车窗望去,天空湛蓝,格外明朗,一群鹭鸟在蓝天下翱翔,道路两旁树木葱茏,高大的栾树盛开着鲜艳的花朵,与远处一片片绿油油、刚吐穗、丰收在望的水稻田交相辉映,在万道金光的照射下耀眼夺目,成为秋野一道靓丽的风景,让古镇焕发出质朴而又鲜活的光彩。

悠闲的枫泾古镇

喜迎 70 周年国庆期间,我们乘坐地铁 1 号线至莲花路站,换乘莲枫专线车,从市区出发,近 2 小时便来到金山枫泾古镇。

枫泾古镇景区水网遍布,河道纵横,老屋交错,素有"三步两座桥,一望十条巷"之说。古镇多小圩,形似荷叶,境内庐舍鳞次,清雅秀美,所以,枫泾古镇又被称为"清风泾""枫溪",又由于夏日多荷花,其别号即是"芙蓉镇"。据称,古镇有 52 座桥梁,29 处街坊,84 条巷弄,保留着原汁原味的江南水乡建筑群。

从古镇高耸挺立的门楼进入,沿着石板铺就、幽深狭窄的街巷一路走来,鳞次栉比的层楼叠院和店铺、客栈、餐馆、酒肆、茶馆、名人故居等组成古色古香的建筑群,传统小吃、工艺品、土特产,应接不暇,比比皆是,而游人如织,更呈现一派古迹与民居相邻,古朴与繁华相融的景象。

游走在河岸边,深深地被温婉素雅的气质所吸引。古镇内的街道、店铺和民居依旧保持着传统的布局和风貌。沿街两侧店铺绵延铺展,街巷密集,满目皆是两三层的砖木结构建筑,马头墙、小青瓦、飞檐木雕,临河沿街廊棚栈道,门窗有吊木窗、花木窗、落地门窗,还有半墙半窗的,连成一片,蜿蜒伸展,别有一番风韵。河边小水桥石级石阶,人们洗衣洗菜均在流动的活水之中,形成了老街、老屋、"小桥、流水、人家"的水乡风情画。家家店铺门前挂着大红灯笼和五星红旗,处处洋溢着节日气氛。摩肩接踵的男女老少和中外游客在琳琅满目的集市中流连忘返,越显古镇古朴典雅,华丽高洁。古街路面均用赭色的大石块铺成,纹理清晰,洁净如画,行走其上,无喧无忧,空灵悠远,俨然回到古时,令人遐想无限。走累了,还可在临河的靠椅上坐下,边聊天边看风景,也是一种享受。

俗话说,一方水土养育一方人。枫泾历史悠久,人杰地灵、名人辈出,文化底蕴深厚,民间艺术源远流长,自唐代以来有历史记载的名人有839人,其中状元3人,进士56人,举人122人,文化名人336人。近代有原全国人大常委会副委员长、中华人民共和国首任邮电部长朱学范,有国画家俞明。丁聪的漫画、程十发的国画、金山农民画,顾水如的围棋被誉为"三画一棋",翰墨流芳。革命前辈袁世钊、陆龙飞等,俱是枫泾人,都为枫泾留下了珍贵的精神遗产。"上海石库门黄酒""枫泾丁蹄""豆腐干""状元糕"为枫泾四宝,深受人们的喜爱,扬名海内外。

走进人民公社旧址,参观了原公社办公场所陈列室,毛主席像章和票证收藏馆以及当年"深挖洞、广积粮"的实物场景,仿佛重又走进了那时的激情岁月,无不让人遐想万千。

枫泾距今有着1 500多年历史,古时隶属"古越之地",现系"中国历史文化名镇""中国特色古镇""国家4A级景区""长三角十大名镇""上海著名景点新八景之一"。

　　悠闲逛游枫泾古镇,看到的是景观、风貌和习俗,感受到的是人文地理、文化艺术和社会历史,置身其间,仿佛置身于历史与现代相呼应的长廊之中,感悟着它的悠远与时尚。

　　河水在枫泾古镇流淌着,古镇在水的调和下,是那样的安宁和祥和……

宁静的泗泾古镇

周边是阡陌乡间和正在建设中的住宅楼,河岸边是宁静的小镇,青砖小瓦,飞檐翘角,古刹钟声。这座小镇正是泗泾古镇。

泗泾镇,地处上海松江腹地,这里历史悠久,被称为"上海之根"。秋日的一天,乘坐地铁9号线再转换专线车来到古镇,站在桥头望去,首先映入眼帘的是两岸绿树成荫,繁花争艳,河水潺潺,景色秀美。那座高耸挺立在河岸边的安方塔隐现其间。当进入古镇街巷,门前牌楼上写着"古镇泗泾"四个大字,十分显眼,一目了然。

漫步古镇,你会发现石板铺就的街道两侧有很多富有当地特色的老房子,那白色的墙壁和黑色的小瓦,错落有致地陈列其中,韵味十足,置身其间,仿佛穿越回数百年前的江南水乡。

这座千年历史的古镇,曾经十分繁华。在15.52公顷的古镇风貌区内,拥有53处历史建筑,孕育了著名史学家陶宗仪,明代书画家范允临,江南第一学府、复旦大学创始人马相伯,《申报》创始人史量才等一大批历史文化名人。以及建于1787年的余天成堂大药房。目前,这些名宅除民国时期的孙士林宅和史量才故居已修缮开放外,其他都正在修缮中。因此,来古镇的游客不多,仅有三三两两的散客游逛,显得有些空荡和宁静。

修缮好的孙士林宅邸,二层砖木结构,雕梁画栋,花格木门窗,古朴典雅,豪华气派,舒展着老宅的历史风韵。在这里举办的"古建筑木作法展",将徽州老宅拆解成千余木构件以图解的形式进行带有想象力的"重建",将传统的建筑文化得以发扬光大。古镇中有一条沿泗泾塘而建的"过街廊棚",它是上海最长的沿河楼廊之一,行人在此行走,抬头不见天,下雨无须撑伞,因此,又有着"烟雨长廊"的美名,成为泗泾的一大特色。

古镇在2005年,经市政府批准,在泗泾港附近划定了下塘街历史文化风貌区,2013年泗泾下塘村被列入"全国第一批具有重要保护价值的村落",2014年又被评为"国家级历史文化名镇名村"。

古镇是一部历史的缩影,古建筑便是历史缩影的见证,那老屋就是见证者的眉眼了。如今,泗泾古镇老屋中当年的主人不在了,带不走老屋,老屋便成了主人述说那段历史的活字典。愿这座绵延千年、古风犹存、内涵丰富的泗泾古镇早日开发利用,守住这一方乡愁,让老屋老宅留下的辉煌历史永远留在人们的记忆里,铭记在古镇的史册上。

嘉定情思

嘉定，是我继部队之后的又一个故乡。20世纪90年代初，我从部队转业回地方工作，我的第一次住房由军转办安排在嘉定，并在那里住了整整三年，与嘉定结下了不解之缘。

那时候，我住在嘉定东门的李园一村。由于工作在市区，平时早出晚归，根本没有时间到城里看看，只有到了星期天或节假日，才能和家人一起逛嘉定城。只是很少逛商店，主要是到老城区逛古城。经过几年下来，细细品味，嘉定是座美丽的城市，既不失现代城市的繁荣，也保持着原始风貌之宁静，时时让人感受到快乐、温馨和祥和。嘉定不愧"江南名城""鱼米之乡"的美誉。

嘉定历史悠久，人文荟萃，古迹众多，是文化底蕴深厚的城市。嘉定在南宋嘉定年间建县，迄今已有780年的历史，历来是当地政治经济文化中心，是上海开埠前的城市雏形地，至今还保持着古城景色风韵依旧的原貌。因此，要了解上海的过去，就要从了解嘉定开始。

嘉定的孔庙享有"东吴第一""全国第四"的地位。它坐落在嘉定古城南大街,建庙时间要上溯到750年前的南宋咸淳年间。走进孔庙,大殿的前方左右,各置高大牌坊一座,分挂"仰高""育才""兴贤"的匾幅。殿门上方嵌有"万世师表"巨匾一块。细看这些匾文,深深地被其中蕴含的思想所折服。殿内香烟缭绕,香客盈门,大殿中央,孔子身披钦赐御衣的雕像矗立在眼前,方方正正的脸庞,神态庄重。端详殿角孔子三千学生中佼佼者的雕塑群像,感叹儒学影响之深远。

与孔庙相邻的汇龙潭,放眼望去,满目苍翠,鲜花盛开,一排排参天的大树,一丛丛茂密的灌木,它们那么优雅地站立着,形成了一道独特的风景线。这里潭水清澈明丽,有荷花点缀其间,缓缓行于碧波之上的游船,划开水面,蓝天、白云、绿树、飞鸟,倒影翩跹,真是"舟行碧波上,人在画中游"。沿着湖光潋滟、荷风送爽的池塘漫步,四周环绕着临水而建的长廊曲桥,亭榭楼阁,粉墙黛瓦,桨声舟影,移步换景,古朴天成,颇得江南园林的精巧之髓。微风吹来荷花香,翠绿入眼沁心脾,碧波含情水荡漾,使其更添几分古朴,几分宁静,给人以涤除尘虑、超凡脱俗的悟感。

从孔庙出来,沿南大街北行不远处,便是著名的法华塔。此塔建于南宋开禧元年(1205),至今已810年,是嘉定最古老的地标性建筑。法华塔高40余米,为四面七层楼阁式砖木结构方塔,每层上有飞檐遮阳挡雨,下有护栏四周相围,古朴坚实,四平八稳,蔚为壮观。登高望远,嘉定城景色一览无遗。法华塔历经数百年的风霜岁月,依然矗立,仿佛在向人们讲述着它所经历的风雨岁月。

出了法华塔,踏着老街厚实的石板,走在深幽的街巷,看着两侧鳞次栉比、古色古香的建筑依次排开,文化遗产随处可见,仿佛时光倒流了上百年。沿古城东大街一直走到尽头便是秋霞圃,它建于明代弘治年间(1502),原为工部尚书龚弘所有,小而精致,布局紧凑。入园沿蜿蜒小道而行,这里可谓是一步一胜景,一景一诗篇。沿途苍松翠柏郁郁葱葱,古樟榆树枝繁叶茂,白杨垂柳风姿绰约。经长廊,赏壁雕石刻;过花圃,闻百花异香;跨小桥,见潺潺流水;登假山,览四周美景。这里潭水清澈如镜,四周曲径幽廊相围,奇洞假山相错,含苞桃花相拥,石板小桥相接。徜徉其间,耳边有清风的絮语,眼前有树影的婆娑,身边有花儿的氤氲,犹如置身于和谐的水彩风景画中。

在我的心目中,嘉定古城,就是一部厚重的线装书。我认真地读了它,细细地品味了它,但没有读懂,也没有品透。如今,我离开嘉定搬进上海市区已整整20年,但嘉定却时常萦绕在我的心头,于是,我每年都会去一两次故地重游。慢慢地逛,仔细地品,嘉定美景多。然而,有几次离开时,已是傍晚时分,我竟浑然不觉,我的心已被这里的风景陶醉了⋯⋯

今后,无论时光荏苒,世事变迁,嘉定所给予的爱与温暖,将永远滋养柔润着我的情感,芳香满怀⋯⋯

探觅丰乐镇老街

丰乐镇,位于横沙岛中部偏南的横沙乡政府以南约 2 公里处,建于 20 世纪 20 年代初,中华人民共和国成立前夕至 20 世纪 50 年代初为横沙区公所和区政府所在地,是全岛的政治、文化和商贸中心。加之丰乐镇离海边近,有许多渔船停靠在海边,鲜鱼鲜虾一年四季不断,店家集市兴旺,各路商户闻风云集,迁此开业,逐渐形成东西街长约 400 米,南北街长约 120 米的"丁"字形街。街面上有南北什货店、茶食店、肉店、水产店、棉百货店、饭酒店、豆制品作坊、茶馆评书房、旅馆、私人诊所、中药铺、弹花店、木铺店、理发店、照相馆、制鞋作坊、裁缝店、铁匠店、圆竹铺等商铺店面近百家,各种商品琳琅满目,人流如织,熙熙攘攘,热闹繁华,生意兴隆。

20 世纪 60 年代初,我在横沙新民镇西市的横沙手工业社当学徒工。在学习竹制品的近两年时间里,经常跟随师傅到隶属于手工业社的丰乐镇门市部送货,当年丰乐镇的情景,至今历历在目,记忆犹新。记忆中的丰乐镇老街就像一曲没有休止符的音乐,活泼、清新,充满激情而又富有灵气。尽管当时的政府机关设在新民镇,但丰乐镇的街面规模及建筑都要比新民镇完整气派。那时的新民镇从南到北一条街面上仅有几间砖瓦房,几乎全是草屋,而丰乐镇上的建筑错落有致,鳞次栉比,白墙青瓦,立柱拔廊,条石铺面,小雨不湿鞋,大雨无积水,古朴典雅,独具江南水乡特色。步入老街,风姿各异的建筑,如一幅幅淡雅秀丽的民俗风情画,令人赏心悦目。

  自从1962年离开横沙,时隔54年之后,于2016年7月初再次来到横沙丰乐镇,往日的老镇、老街、老店铺、老建筑已不复存在,取而代之的是一幢幢式样新颖的民居小楼、别墅。然而,在这遗憾的同时,有幸还能见到几处隐藏在小楼深处的街面老屋,尤其是老街最南端,建于19世纪初的一道造型别致,气势雄伟具有浓郁的传统建筑风格的观音兜山墙及两侧几间造型典雅、古色古香的砖瓦平房,虽历经两百年风雨,加之年久失修,残墙破壁,饱经沧桑,但却依然仙风道骨,原汁原味风韵犹在,砖石雕花依稀可见,里里外外保存完整。据说,该建筑是横沙岛上唯一保留下来的一点历史遗迹,成为横沙岛上景物变迁最直接、最有说服力的历史见证。漫步其间,让人思绪万千,顿生历史的感慨,一个远去的古镇老街仿佛向我们倾诉着过去的风光和辉煌,而我们看到的百年老街新旧交替,洋溢出一派古朴宁静又生机盎然的万千风情。

  另据村里的顾书记和宋主任介绍,在横沙岛130多年的历史长河里，由于丰乐镇的繁华和商贸活跃，以及在此创办学校，发展教育事业，给这一地区的文化底蕴打下了坚实的基础，使在这不起眼的小镇中，涌现了教师多、会计多、大学生多、杰出人才多的"四多现象"，这些风流才俊在各个领域独放异彩，并传承了勤劳朴实的民风民俗和传统美德。望着老街老屋，我的心里久久不能平静，我的脑海里一直萦绕着当年人流如织，热闹繁华的情景……

　　为此，我认为，建筑是一个时代的记忆，它承载着历史纪念和历史建筑的文化价值。老建筑、老房子，既是人类生产生活的最初聚落，也是社会形成的基地，更是文明的发祥地。因此，保护优秀老建筑是普世文明。尤其像横沙岛丰乐镇上的这些老建筑老房子，承载着横沙岛数代人的生活变迁，见证过曾经的沧桑，留下了弥足珍贵的历史记忆，它在上海地区都很难找到，不能再让这留下来的唯一历史遗迹消失殆尽。应尽快择其典型修旧如旧，采取抢救性的措施加以保护，并在这里的原址上筹设"横沙岛古建筑博物馆"，以自己特有的风姿，打造海岛特色民居建筑新品牌，为传统文化注入新活力，为国家旅游度假区之一的横沙岛增添新的亮点，让人们留住历史，留住记忆，留住乡愁。

风情泰晤士小镇

秋日的一天,阳光温煦,天蓝云净,我们一行兴趣盎然地来到位于松江区方松街道的泰晤士小镇。漫步小镇,跃入眼帘的是,一幢幢尖顶洋楼、别墅在参天蔽日的绿荫中隐现,唯美的异国建筑风格,散发着闲情逸致的英伦气息。湖畔的教堂广场上,绿树芳草,繁花争艳,高大的教堂在丽日晴空下绽放出迷人的光芒,尖尖的塔顶在湛蓝的天空中挑着朵朵白云,古朴自然,韵味十足,颇为气派而庄严。三三两两的学生席地而坐,正在聚精会神地练习写生,痴迷在秋影婆娑的光影里。一对对青年男女正在这里拍摄婚纱照,摆出各种甜蜜的姿势,留下人生中最靓丽的倩影,秋风暖阳下,情调浪漫,那明媚娇羞的神态,充分体现人和自然的美好意境。

来到小镇连绵的多功能步行街,欧洲各时期建筑、街区徐徐展现,满眼尽是彩虹般旖旎的墙体,维多利亚式的露台,哥特式的建筑风格,每层楼的层面高大明亮,每条装饰边沿都镶嵌、雕刻着色彩明丽、形态各异的图案、浮雕,精美绝伦,古朴典雅,相得益彰。步入其间,玲珑秀气,景色醉人。各有特色的商铺鳞次栉比,琳琅满目的商品令人目不暇接,各色异国风情的美食,不断挑起我们的食欲。

我们走在蜿蜒的街巷,不时与街头的名人雕塑相遇,英国首相丘吉尔、戏剧名家莎士比亚、浪漫主义诗人拜伦、伟大的科学家牛顿……这些人物造型逼真而传神,神态栩栩如生,仿佛在与我们进行隔世纪的交流。走着看着,在我的脑海深处颇有时光倒流的梦幻感。这些名人雕塑,散发着浓浓的艺术气息,给宁静、素朴的小镇,增添了无尽的乐趣、美感与历史厚重。

"钟书阁"是目前上海最有名的实体书店,吸引着众多的爱书人。这里还是一处精美的展览馆,也是到此一游的极佳之地。"钟书阁"分为上下两层,二楼的地板全由玻璃铺成,透过玻璃往下看,脚下明亮的书室全是图书,给人十分奇特的感觉。阁内图书的安置方式也是别具一格,除了壁上壁下分门别类地摆放着一排排图书之外,地板上、茶几上也散放各种图书。走进这样富有创意的书阁,令人倍感新鲜、新奇和随意。

逛完"钟书阁",我们走到湖畔,在浓郁的绿树花香包裹之中,任由清凉的秋风拂过,静静感受这里的秀美景色。碧绿的湖面像块巨大的青玉,镶嵌在葱翠的怀抱里,安详、静穆。沿湖建有大片的原木亲水平台,湖岸上植物丰富,郁郁葱葱,树木繁茂,树种各异,银杏的金黄、栾树的火红、樟树的翠青,交相辉映。路边的菊花、月季花迎风摇曳,花色交织,鲜艳夺目,优美动人。秋日的阳光,穿过密匝匝的树叶,水银般地轻泻在碧波荡漾的湖水中,倒映在水中的小桥、洋楼、树影和天上的云彩、飞鸟浑然组合成一幅浓淡相宜、情趣盎然的水墨画卷,令人陶醉。极目远眺,清澈的湖水,在阳光下波光粼粼,一群水鸟在湖面上嬉戏,它们一会儿飞向蓝天,一会儿掠向水面,一会悠闲地静卧水上,一会儿又振翅腾飞,身姿矫健,仿佛在迎接着那远道而来的朋友。

不知不觉,暮色降临,湖面上泛起金黄色的波纹,整个泰晤士小镇披上了丝丝缕缕的五彩霞光,安详、静谧,无限的遐思和宁静淡然的情愫悄然升起。晚霞中,游人缓缓而归,一群飞鸟在天空展翅、扶摇空鸣。领略着泰晤士小镇的壮美风姿和温馨风情,让我心旷神怡,流连忘返,沉醉在秋风秋景里。

漫步弄堂新时尚

早就听说,位于打浦桥地区泰康路的田子坊,经改造成为一条集文化底蕴丰厚和时尚、潮流、年轻态的弄堂。春日的一天,特意去寻访那憧憬已久的民巷,真是名不虚传,让人大饱眼福。

走进小巷,这里仍保留着一排排老上海古朴典雅的石库门弄堂,一家一户的小楼紧挨着,几乎都是原汁原味、色彩明艳的老建筑,家家户户的院前清幽洁净,满是花草,街巷的路面像是刚被水洗过的,不见一屑纸片和一丝杂物,让人不忍踩踏。用"一尘不染"来形容,毫不为过。

据称"田子坊"是画家黄永玉给这旧弄堂起的雅号。有史载,田子方是中国古代的画家,取其谐音,用意自不言而喻,使得曾经充满着民俗风情的街道小厂、巷子里废弃的仓库、石库门里弄的平常人家,平添了一份艺术气息。

徜徉在蜿蜒的小巷,清风拂面,咖啡飘香。一家家新颖时尚的特色小店和作坊鳞次栉比,各种商品琳琅满目,眼花缭乱。店面虽小，但家家精致、清新，让人觉得美好惬意，许多店都是自创品牌，深受人们的喜爱。于是，这里的古朴、繁华、和谐以及时尚、潮流、年轻态成了人们散步观光和休闲购物的一方胜地，穿梭在弄堂里的人群大多是穿着鲜艳服饰的当地年轻人和中外游客。

在田子坊里，依然有不少居民在这狭窄而又悠长的过道旁的老房子里过着欢乐、温暖、平凡、祥和、时尚小资的生活。在这里，沉寂着古朴的宅院，质朴的民风。我们看到不少住户的人们，有的忙着经营生意，有的做着杂活，尤其是被几个中年妇女吸引了注意力，她们正在用刷子或拖把聚精会神地清洗着门前的街面，神态是那样地认真、仔细，仿佛在擦拭着自家的地板和玻璃窗。这不由让人对石库门的风土人情似乎有了新的诠释和认识，那种和谐美好、文明有序的环境和氛围让人敬佩。

不知不觉，我们已走到了小巷的尽头，回味着：那窄窄的街巷干净清爽，街道两旁整齐划一，绝无人家的摊位挤占路面，也没有哪家门前搭建小棚扩大地盘。也许正是这些风情吸引着不少游客，停下脚步，在这里争相拍照，以最美的姿态，秀出春天的风韵和深厚的文化底蕴。

不经意间，回头偶见谁家门前开满枝头的那一朵朵鲜艳夺目的茶花，斜侧着身子，探过围栏向人们热情招手，格外妩媚动人，恰到好处地给时尚小巷增添了一道靓丽的风景。

风韵老街南堡镇

翻开南堡镇的历史,犹如翻开了一部厚重的线装书,散发出的人文气息,令人心驰神往。南堡镇的历史源远流长。据《崇明县志》记载,明万历四十五年(1617),为防御海寇的侵扰,当时的崇明知县筑堡城一座。明末,因居民日增,商贸繁荣,形成集镇,称作堡城镇,简称堡镇。

秋日的故乡,秋意盎然,稻谷飘香。当我踏上这条石板路被踩得滑溜,旧房子斑驳外墙爬满青苔的老街,情不自禁地勾起我对这条老街往事的深深感怀。在它曾经繁荣而沧桑的怀抱里,蕴藏着我的童年。

南堡镇的历史街巷,融汇着建筑、历史、宗教、民俗等丰富文化。过去,崇明岛上有桥(桥镇)、庙(庙镇)、堡(堡镇)、浜(浜镇)之说,意在这4条镇算是岛上的大镇。有着300多年历史的南堡镇老街,又名正大街,位于崇明中部偏东南沿,临近堡镇码头,水陆交通便利。因为临江,南堡镇显得通透和灵气,堡镇港晚潮裹挟而来的海潮味,整条街巷都能闻到。南堡镇连接横引河北的沿公路集镇为北堡镇。据资料记载,南堡镇老街有多处历史保护建筑,位于正大街122号建于1923年的著名爱国商人杜少如宅,是镇上建造最早的西式建筑;正大街126号是原崇明第一家于1930年6月私人创办的大同商业银行旧址;光明街73号有一座由清朝末代状元、我国近代著名的企业家、政治家、教育家张謇于丙辰年(1916)夏题"五福骈臻"的牌楼;正大街148号,有一座高氏节孝牌坊。镇上有百年以上的古宅5处,200年以上的历史建筑3处。

走进老街,宛如走进了一幅民俗风情画,感觉仿佛时间已经凝固,恍若人就在片刻之中迷失在一段段历史的烟云之中。这里一派宁静,质朴伴有些许破败。老街两侧处处是斑驳的青砖灰瓦、凌乱的砖石铺道和布满岁月风尘的街面店铺以及居家住户,让人领略历史的沧桑。

当年的南堡镇,是崇明岛东部地区工商业主要集镇,经济、文化、军事和交通的中心。记忆中的南堡镇老街极具江南古镇特色,随处散发着浓郁的江南气息。整条街南北走向,无高大建筑,除了几座二层小楼外,几乎全是青砖灰瓦的平房,均为对面屋。街面只有几米宽,街道不长,从南到北不过数百米,街道有点弯曲,街道两边还有几条很短的横街,无不演绎着老街独有的古朴风情。然而,老街却有着形形色色的商铺,杂货店挨肩接踵,经营着人们日常需要的油、盐、酱、醋、猪肉、豆腐、布匹、染坊、竹木用具等,品种琳琅满目,应有尽有;门面装饰风格多样,折射出商人追求财运亨通的心理;小吃店、点心店、茶食店、汤团店、茶馆店、老虎灶等,热气腾腾,满街飘香。

那时的清晨,满街清薄的雾气和生煤球炉的白浓浓烟味扑面而来,烟味中还混合着饭菜的香味,以及早点小铺刚出炉的大饼和出锅油条的香味,有时还会听到洗涮马桶的唰唰声……此时,从乡下来的菜农挑着水淋淋、娇滴滴,带着露水的蔬菜、瓜果,怀揣着卖个好价钱的期盼,边走边哼,随着扁担吱吱呀呀声朝着集市的方向唱着走来,成为老街上一道独特的风景。

老街的早晨是一个个忙碌身影的重叠,是生活序曲的一串串五线谱。直到中午时分,乡下人纷纷回去了,热闹了半天的老街暂时安静了下来。要是在冬天里,邻居们端出小板凳边晒太阳边拉家常,老街就呈现一派安闲的景象。夜晚是老街最萧条的时候,店铺打烊了,镇里人劳累了一天进了家门就少有外出,只有一些玩心重的年轻人去看看电影,或邀几个知已打牌消遣。要是在夏天,人们晚饭后,就在各自的家门口搭起门板、躺椅,或乘凉或聊天,手中蒲扇轻摇,悠闲安逸,怡然自得,自由自在。

几十年过去了,沧海桑田,现今的老街面积只有原先的几分之一,旧貌换新颜,印证着历史的沧桑。走进老街,走进了岁月,也感受到了家乡普通百姓的喜怒哀乐。

岁月,带走了老街的许多风韵,带不走的是老街的情怀。人们期待着老街的保护与开发,延续城市历史文脉,保留历史文化记忆,让人们记得住历史,记得住乡愁,以使老街焕发新活力。

徜徉在风情万种的老街,空气中弥漫着怀旧的回忆,在那民风民俗中,重拾已经流逝的岁月,我心波荡漾……

水墨长卷话安亭

安亭,汉代沿用秦制,"十里一亭,以安为亭,以亭为镇",安亭之名沿袭至今。

相传,三国时期,吴国在此建造菩提禅寺,从此四周乡民聚居,逐渐成镇。明代散文家归有光收徒授业,使安亭文风大振,"震川旧里"名传海内。

秋高气爽,丹桂飘香。在这美好多彩的日子里,乘坐地铁11号线,从市区出发,仅用一个小时便来到安亭,下车后,步行10分钟,走向一座古朴的石拱桥,桥头,写有"安亭老街"的牌楼,耸立在秋阳里,这便是安亭古镇。

走进安亭老街,沿着历经岁月磨平磨光的石板路,边走边观赏,精致的民居依河就势,斗拱重叠,风铃四垂,古桥相伴,绿水相依,马头墙、小青瓦建筑随处可见,沿街商铺、茶楼、戏馆整齐排列,紧挨相连,人头攒动,无不散发着江南古镇的纯朴魅力。

安亭古镇景区,水网遍布,河道纵横。沿着河岸走去,绿茵宜人,河水清澈,成片的樟树,树干挺拔粗壮,枝叶绚烂茂密,路边花草郁郁萋萋,在微风中摇曳,清新的大自然令人心旷神怡。那尖拱黑瓦顶和木质结构、精美雕刻的廊棚与横跨在河面上的一座座石拱桥交相辉映,无不透着水乡文化艺术的元素。这里的"菩提源头"公园内,亭台楼阁临池而建,并点缀着紫藤、丹桂等名贵花木,构成了江南典型园林格局,成为人们健身、娱乐、观赏的精神乐园。旅途中,走累了走乏了,随时可以在园内或廊棚内小憩,驱散旅途的疲惫,别有一番情趣。

这里的"永安塔",据史料记载,建于三国吴赤乌二年,初建菩提寺时,曰"永安",意即菩提永久,并祈一方平安之意,因年久失修后毁于风雨,世易时移,沧桑代变。明清之际,又于原址上建塔数座,存放寺内历代高僧灵骨,尤以永安塔为最,抗战初期毁于战火。

2003年8月,随着老街改造,千年古刹菩提寺易地重建,选址寺之旧时方向,复建永安塔,以恢复千年古镇旧观,粉墙黛瓦,巍峨壮观地屹立于缓缓流淌的安亭泾旁,重现"永安映朝霞,三桥叠塔影"的景致。还有那菩提寺、严泗桥、文治堂、震川书院等诉说人文底蕴,古意盎然,引人入胜。近年来,作为"中国汽车第一镇"的安亭镇获评全国重点镇,全国文明镇,中国曲艺之乡,国家环境优美镇等称号,名扬海内外。

在安亭古镇,走在满是沧桑的老街,走过一座座连接此岸与彼岸的古典石拱桥,以及那清流不息的安亭泾水,潺潺地流淌在过去、现在和未来之外,明晃晃的穿越历史的感慨、人类的梦想……

重返圆沙满眼新

圆沙镇,坐落在长兴岛的最东端。从长兴岛大面积露出水面后,19世纪中叶至20世纪初叶的六七十年间,相继围垦了"鸭窝沙、圆圆沙、金带沙、潘家沙、瑞丰沙"等。当时的圆沙是仅有10余平方公里的小沙。

那时,海岛先民在此开垦后,择水岸而居,因渡设市。圆沙镇位于圆沙的中部,一条自然弯曲、东西走向的小河连接着两岸民居,靠打鱼和种田为生的先民们开始在沿河道一带生产生活,他们用辛勤的汗水,无穷的智慧,自力更生,自给自足,并用芦苇稻草搭起茅草屋,择河岸聚族而居,逐渐便有了市场的出现。

这个小镇,开始只有几家在岸边搭建的茅草房作为商铺设施的小店,店铺内仅有油、盐、酱、醋等百姓生活必需的物品。随着人口的增多和人们生活的需求,渐渐地开设铁木竹铺、粮棉行、杂货店、饭店、茶馆、豆腐店、旅店、肉庄、中药店、衣庄、染坊等,以使这条全长仅有100米长的小镇逐渐繁荣起来。中华人民共和国成立后,曾作为第一个地方政权机关的乡政府所在地,并成为集党政、工、商、贸易、金融于一体,具有一定规模的乡村集镇。到了50年代末、60年代初,随着人们生活水平的不断提高,人们居住的环境由原来用毛竹搭架,芦苇作墙,顶上盖稻草的草屋不断改善为砖木瓦房,于是,岛上村村办起了土窑,用来烧制盖房用的砖瓦,以后到了60年代末发展为轮窑。这里曾是上海地区生产青砖平瓦较早、较多,质量较好的地区之一,深受人们的青睐,市郊农民建房,纷纷前来采购,声名远播。1967年,我家在老宅前盖的两间房屋所用的砖瓦材料也是从圆沙采购运至崇明的。

那时候,圆沙岛上没有码头,交通十分不便。人们进出海岛,全靠无任何动力的小木船(俗称航风船),于是,渡船能否靠岸,完全由潮水而定,以致候船者无处歇脚,下船者无隙分散。每当上下船时,渡客们争先恐后,乱作一团,险象环生,要是遇上刮风下雨天,更是狼狈不堪。

如今的圆沙,欣欣向荣,焕发新的活力。自七八十年代,通过自然淤积和人工围填,逐步使分散独立的7个小沙连成一体,以及近年来随着长江隧桥的贯通,从而使长兴岛成为生态水源、海洋装备、景观旅游岛,东南亚地区规模最大、设备最先进的渔港,并成为"橘乡""净岛""长寿岛"。面对此情此景,让我回想起在上世纪60年代初遇风雪夜困圆沙的情景,真是天壤之别,旧貌换新颜。

特殊的地理环境,聚族而居的习俗,铸就了海岛农耕文化的纯朴性。勤劳、智慧、淳朴而执着的先民们创造了海岛辉煌,使人深深地感受到海岛垦拓文化深厚的底蕴,更是领略着先驱们艰难而又不懈的追求精神。

晴朗秋日的一天,我来到阔别半个多世纪的圆沙镇。这里正在进行动迁,为江南造船厂扩建所需的征地,这里的人即将搬进高楼林立的新村,使人们的生活发生着翻天覆地的变化。当我来到新村小区参观时,这里在秋阳的映照下,天空像海水一样蔚蓝,凉爽的江风扑面而来,满城橘子飘香,像是为了欢迎我们的到来。这里道路宽敞,河水清澈,植被丰富,绿树繁茂,草坪花木葱茏苍翠,鸟语花香,环境整洁,舒心惬意,充满生机活力。见此情景,不由得心潮澎湃,激动振奋,让人留恋。在小区内,还遇见几位搬来时间不长的上了年纪的老者在此闲庭信步,他们的脸色红润,开朗荡漾的笑容,交谈甚欢。他们的步伐是那么闲适,神态是那么安详,让步履匆匆的我们,顿生羡慕。于是我相信,今天的圆沙,日子是亮堂的、是殷实的、是流光溢彩的。

时光就像长江水一般逝去,曾是圆沙镇上最繁华的街巷已荡然无存,唯有那条穿街而过的小河见证了岁月的沧桑和当地的兴衰,也勾起了我怀旧的思绪……

此次圆沙之行,我深受感动。我观赏了这里的自然风光和人文景观,更是了解了圆沙的悠久历史,我虽不是圆沙人,却有着重返故乡的感慨。100多年来,一代又一代圆沙人,把一个长江口不起眼的小沙洲,凭借与江涛海浪不断拼搏的精神,把芦荡开垦成良田,把滩涂改造成沃土,让荡田结出了丰收之果。保护历史,传承文化,是我们的情怀、责任和应尽的义务,努力让曾经的老屋、故园、旧事的美好记忆与新城共存,将圆沙流传下来的精彩故事,一代代传诵下去,将海岛人民的垦拓精神一代代发扬下去。

古镇罗店感怀

申城市郊,古镇不少。然后,有的古镇,经过多年大拆大建"改造",商业气氛过浓、自然景观趋淡,古镇不古,令游客吐槽。而当你来到罗店古镇,却依然古朴典雅,古镇河道两侧古民居绵延铺展、街巷密集,呈现着600多年以来典型的水乡人家独特的生活形态,是罗店原住民生活的真实画卷。

冬日的一天,走进古镇亭前街,沿着石条铺就、幽深狭窄的街巷一路走来,两侧皆是古色古香的两三层砖木结构建筑,青砖小瓦,花格式落地移门窗,吊脚屋檐,朱红色彩,古意浓浓,错落有致。这里的老字号商铺林立,商品琳琅满目,白铁店、小农具门市部、手工编织、布店、膏贴店、刻章店、钟表店、酒坊……无不散发着古镇繁华淳朴的魅力。

石拱桥是江南水乡特有的古迹。罗店古镇现存三座石拱古桥,分别是大通桥、丰德桥和来龙桥,历经岁月沧桑,见证了古镇的前世今生。位于亭前街的大通桥又名大石桥,始建于明成化八年(1472),雍正八年(1731)重建,距今已有 500 多年历史。该桥南北走向,跨老练祁河南并交汇处,桥长 18 米,高 7 米,宽 4.5 米。该桥为半圆环石拱桥,旧有亭子,是上海为数不多的古亭子桥,也是宝山境内最古老的桥梁。站在高高的石拱桥上一眼望去,河水在微风中轻轻荡漾,来来往往的人群在水中倒影盈盈,两岸一排排依水而建的民居粉墙黛瓦,清新亮丽,以及那亭台楼阁、廊棚美人靠,整齐排列,蜿蜒伸展,以使历史文脉与河滨风光相得益彰,从而形成了"小桥、流水、人家"的诗意画景。

这里的街面洁净如洗,行走其上,喧嚣全无,恍若回到从前。这里的厕所设计独特,绿植装饰,排风换气,清新舒适,美观整洁,在 2019 年度上海市绿化和市容管理局、上海市文化和旅游管理局、上海市精神文明建设委员会办公室等单位组织的评选中荣获上海市最美厕所称号。

罗店古镇位于长江口南岸,上海市北部,宝山区西北隅,原系海洋边缘冲积平地,南与顾村镇为邻,东与宝钢、月浦相依,西与嘉定区相连,北与宝山工业园区、罗泾镇相接,镇域面积 44.19 平方公里。水陆交通发达,经济繁荣。罗店古镇始建于元代至正年间,因一姓罗名升之人首先在此开店,形成集市而得名,迄今已有 600 多年的历史。早在明万历年间,罗店已是一个物产丰富、商贸辐辏的商业大镇,为当时太、嘉、宝七镇之首。到了清康熙年间,棉花、棉布交易兴隆,该镇三里长街有商铺六七百家,有典当、花行、米行、布庄、酱园、锡箔等业,每日三市,市面繁荣,车船不断,故有"三湾九街十八弄"的金罗店之称。

古镇有着众多的历史古迹,深厚的文化底蕴,完整地保存着庭院深深、宅院相连的江南水乡古镇风貌。那狭窄的街巷、古老的民居,沿街商店生意兴隆,一路走来,人流如织,仿佛置身于历史与现代相互交映的长廊之中,悠远而又时尚。

耐人寻味朱家角

青浦朱家角古镇地处江、浙、沪的交通要枢，是上海西部水网地区的一个古镇，有着 1 000 多年的历史。近年来，我多次来到古镇，在我的印象中，朱家角古镇有着丰富的文化遗产，不仅是上海地区历史悠久、人杰地灵的一块风水宝地，也是江南地区颇具规模和遐迩闻名的古镇之一。1991 年被上海市人民政府命名为首批四大文化名镇之一，2007 年被评为第三批中国历史文化名镇（村），2016 年被住房和城乡建设部评为第一批中国特色小镇，2018 年入选最美特色小镇 50 强。

淀山湖秀，古城也美。朱家角古镇，地处江南水乡，淀山湖下游，黄金水道漕港河穿镇而过，镇内河道纵横，桥梁密布，九条长街沿河而伸，千栋明清建筑依水而立，36 座石桥古风犹存，名胜古迹比比皆是。

朱家角古镇人称上海的威尼斯，淀山湖畔一颗明珠。沿着老街，走进古镇，如走进岁月深处，源远流长。北大街，慈门寺，慈门街、珠溪园、课植园、圆津禅院、放生桥等著名景点，如宋词元曲一样，耐人寻味，无不衬托着古镇深厚无垠的人文底蕴。

朱家角古镇，一年中，无论春夏秋冬，都有别样的韵味和魅力，但也少不了人头攒动，车水马龙的拥挤。来到古镇，从大门进入，漫步其间，远观近赏，步步入景，处处精华。在这里，保存完好的原始风貌建筑，结构精巧，气势雄伟，布局优雅，沿街店铺密集，鳞次栉比，各类商品和当地特产琳琅满目，让人流连忘返，身心愉悦。在这里，老街路面均用石条铺成，纹理清晰，洁净如画，行走其上，俨然回到古时，令人遐想无限。在这里，你可以沿河而行，寻找回归自然，崇尚野趣的享受，顿觉心旷神怡。在这里，还可以走进亭台楼阁，细细品味江南四大才子之一祝枝三等文人墨客的诗文石刻，让人浮想联翩，陶醉其间。

来到放生桥上，展现在眼前的是另一番景象，明艳的阳光，在清澈的河面上跳跃，清新的空气扑面而来。沿岸的彩色房屋层层叠叠，处处散发出动人的"小桥、流水、人家"的水乡韵味，美不胜收。还有那南来北往的男女老少，来自中外游客人挤人的大军，仿若一幅徐徐展开的江南版动态"清明上河图"。

逛完古镇风景后，还有当地自然环境里生长出来的正宗地道的本帮土菜和湖鲜，可让游客在古镇众饭店内放心品尝，令人食欲倍增，让返璞归真的野趣在舌尖上跳动，价格又实惠，边尝美味，边赏美景，悠然地享受慢时光，好不悠闲、自在……

漫步朱家角古镇，一路悠悠水韵，一路迷人风景，一路眼花缭乱，一路心旷神怡，处处散发着让人难忘的自然生态情景和富有诗意的美景,这是充满时代气息的新风景,这就是朱家角古镇的无穷魅力。古朴、清新、自然、秀美,游客的心灵在时空的长河中荡漾,历史和现实的灿烂文化令人耳目一新。我将把这里的一切留存在心里,收藏在梦中……

公园见闻

炮台湾湿地公园记

夏日的一天,来到炮台湾湿地公园,领略了这里的旖旎风光,给我留下了深刻的印象。

炮台湾湿地公园位于宝山区东部,东濒长江、黄浦江,南迄塘后支路,北至宝杨路,西倚炮台山,沿江岸线长约2公里。公园原址为长江滩涂湿地,在20世纪60年代由废弃钢渣回填而成。其东南角是著名的吴淞口,历史上曾借此地形建造水师炮台,故得名"炮台湾"。这里是清朝名将陈化成抗击英军、镇守炮台殉身处;这里也是中国军队"一·二八"淞沪抗战的坚守处。炮台湾,中国人民不屈不挠抗击侵略者,惊天地、泣鬼神的悲壮场面永垂青史。

炮台湾湿地公园以线条柔美的江岸,翠绿清透的河水和色彩斑斓的森林为独特的自然景观,吸引着众多的游客。那天下午,我们乘坐景区游览车,行驶在公园内,这里修竹掩映,林木茂盛,满眼葱绿,除了银杏、香樟、栾树、榆树等,还有开着花的夹竹桃和木槿,空气中弥漫着树和花的清香,沁人心脾。来到江边,沿着堤岸栈道前行,两边是绵延的芦荡,茂密的绿草,清香的植物,湿润的滩涂,幽静的环境,清新的空气,伴随着江风轻轻吹拂,在我们四周涌起阵阵"绿浪",犹如散金的绿色锦缎。芦苇丛中的野花吐露芬芳,蜂蝶飞舞花间,不时有野鸟悠然掠过,发出啾啾鸣叫。沐浴在这野趣横生、天水一色的大自然美景中,心旷神怡,无比舒适。

登上江堤观光平台,放眼眺望,吴淞口外江平如镜,在阳光的照射下,闪烁着碎金般的光彩。江面上的来往船只、青草沙水库、宝钢码头尽收眼帘。望远处,崇明岛隐约可见,长江滚滚东去,天苍苍,水茫茫,望不到尽头。不由使我想起苏轼的千古绝唱《念奴娇·赤壁怀古》:"大江东去,浪淘尽,千古风流人物……"炮台湾湿地公园,只有身临其境才能感知其生态环境的魅力和享受心与自然的交融。

炮台湾湿地公园内保留的长江滩涂湿地展现了长江河口的原生态自然风貌,新建的园林景观则凸显了滨江的湿地特色和人文情怀,如:怀古思今的炮台纪念广场,喧腾飞溅的瀑布溪流,欢声笑语的儿童乐园,普及河口知识的上海长江河口科技馆,满足社区观演功能的贝壳剧场,展示矿渣体现环保理念的矿坑花园,提供水上游览服务的游船码头,用于居民休闲健身的体育俱乐部等。当来到公园内的长江河口科技馆,这里将世界各地的河口景观汇聚在一堂,生动翔实的河口知识让人获益匪浅。可以说,炮台湾湿地公园突出"自然、生态、湿地、森林、休闲、军事、文化、历史"的主题,集科普教育、休闲娱乐、观光旅游等功能于一体,将人文景致与自然野趣相结合,已成为沪上特色鲜明的旅游新景点,并形成上海水上门户的靓丽风景线。

  当参观结束时,已是太阳西斜。坐在轨道交通车上,回想炮台湾湿地公园所见所闻,使我深深感受到时代跳动的脉搏,社会前进的脚步,感受到人们越来越关注生态和环境的保护,越来越关注人和自然的和谐。

醉白池如画

醉白池公园位于上海松江的老城区内,占地 5 公顷,集松江历史文化与园林艺术于一体。它是上海五大古典园林之一,还有四个分别是青浦曲水园、嘉定古猗园与秋霞圃以及市中心豫园。醉白池,也是上海地区保存完整、极具明清风格的园林精粹。

醉白池公园的前身为宋代松江进士朱之纯的私家宅园,明万历年间大书画家、礼部尚书董其昌曾在此园觞咏挥毫。明末清初,清兵南下松江,园林遭毁。清顺治至康熙年间(1644—1722年),工部主事、著名画家顾大申在原址上重建私宅,效仿宋代宰相韩琦仰慕唐代诗人白居易而将此园命名为"醉白池"。他在池水之上建了一个"池上草堂",清凌凌的池水从堂下穿越而过。又在"池上草堂"后侧,修建一个"乐天轩",以白居易的字乐天命名,纪念这位先贤。"池上草堂"东侧是"疑舫",初为董其昌所建,"疑舫"的意思是"仿船屋",其匾额"疑舫"二字,出自董其昌手笔,弥足珍贵。

到了醉白池公园,微风习习,空气中弥漫着一股桂花的浓郁芳香。穿行在桂树林中,一棵棵碧绿的桂树,挂满枝间那一簇簇金米似的桂花,宛如在微笑着欢迎各方宾客的到来。桂花的香气沁人心脾,置身其间,随处都能闻到这带有丝丝甜味的桂花香,令人神往。沿着蜿蜒曲折的林荫石板小径,悠然自得地行走,映入眼帘的是,竹林清丽,落英楼榭;池水盈盈,碧波粼粼;芳草鲜美,五彩斑斓……各种美景,扑面而来,秀色怡人,恰似陶渊明笔下的"桃花源"。

踩着石板条,边走边看,细细品味,感觉十分舒适、清爽。醉白池公园内环境优雅,花木葱茏,曲径通幽,步移景异,满园似画,素有"春访牡丹夏观荷,秋来赏菊冬瞻梅"之趣。这里的小溪弯弯绕绕,在树间、在花丛、在草下,一边鸣唱,一边奔流,显示出生命的活力。这里文物古迹众多,有雕花厅、读书堂、雪海堂、宝成楼、柱颊山房等。这里的书法、石刻历史底蕴深厚,具有浓郁的文化观感,让人增添无比情趣。这里的亭台楼阁,以及假山、奇石焕发着青春容颜。这里是四季常绿、四季有花、四季飘香的宜人乐园。这里的盆景花卉,千姿百态,精致雅观,群英荟萃,娇艳怒放,缤纷多彩,给这个古老的园林增加了现代元素。漫步其间,能感受到大自然的动感和绿色生命的旋律。这里的古树、名木越发苍劲伟岸,仰望着那几棵有着 300 多年树龄的古香樟巍然挺拔,高耸入云,树形优美,枝权舒展,绿荫如盖。还有那高大宏伟的古银杏树一片金黄璀璨,在阳光下泛着鲜亮亮的金光,秋风一吹,摇曳多姿,令人生发出飘然若仙的梦幻感。

踏秋郊游,感受秋天的气息,是人生美好的享受。醉白池公园,是个极富魅力的游览地,依然诉说着昨日的遐思……那池水的悠然,那古树的沧桑,那亭台楼阁的古朴,那清风的轻缓,醉白池的自然风光和人文景观,给游客展示了一幅壮观与细腻相融的独特画面。如画的醉白池得园林清气,可谓天地大观;静谧的醉白池,闲暇之地,寻梦之地也。感谢古人的匠心别具,留下"醉白池"名园,感谢今人的悉心保护,让百姓在喧嚣的城市里感到疲惫时,能来这里漫步,发思古之幽情,静浮躁之心境,焕发生命的活力。

行吟东平森林公园

东平国家森林公园,位于崇明岛北部,面积5 400多亩,为国家4A级景区,入选上海十佳休闲旅游景点,享有"人间仙境,天然氧吧"盛誉和"秀色可餐、乐不思归"的口碑,吸引着络绎不绝的中外游客前来参观游览。

东平国家森林公园的前身是1959年奠基的东平林场。当时,在"潮来一片白茫茫,潮去一片芦苇荡"的滩涂上围垦建场,种植下一棵棵小树。60年后的今天,旧颜变新颜,形成了自己独特的景观,已是华东地区最大的平原人造森林。

当初夏的一天来到东平国家森林公园时,首先映入眼帘的是宽广的公园正门广场,其造型设计优美而独特,线条与结构突出显示了以杉树为中心的森林优美的自然景观,堪称一景。大门石岗气势雄伟,全国人大常委会前副委员长彭冲题写的"东平国家森林公园"八个苍劲有力的大字特别显眼,熠熠生辉。这块巨石采自山东泰山,重140吨,是公园的镇园之宝。

走进公园,这里森林茂密,万木葱茏,满眼绿色,鸟儿低啾,声色和谐;这里湖水清澈,碧波荡漾,映衬着阳光的倒影,让人心旷神怡;这里野趣浓郁,环境优美,乡村自然风光尽情展现;这里空气清新,负氧离子含量高达每立方厘米 18 000 多个,处处弥漫着新鲜湿润的味道;这里被人们称为"活化石"的水杉,高大挺拔,树形优美,种群庞大,笔直的树干、昂然向上的枝条,充满生机,为公园的主要树种,几乎遍布公园的每个角落。除此之外,还有香樟、银杏、玉兰、红枫、竹子等,既自成一景,又起障景作用。那些郁郁葱葱的参天大树在微风中展示了它的千姿百态,置身其间,仿佛脱身世外一般,意趣风雅,身心舒畅,通透惬意。

　　穿行在绿树碧水之中,无尽的绿色绵延开去,空气纯净得没有一点杂质,天空飘浮的云彩变幻着各种美丽的图案。徜徉在迷人的公园内,植被丰富多彩,道路两旁花草成片,数不清的白色、黄色和紫色的小野花,满目含笑,摇曳在微风里,像是在迎接着客人的到来。纯碧的湖面似一双少女清澈的眼睛,脉脉含情里似乎隐着一丝淡淡的轻愁,鸟儿们在自由自在畅游嬉戏,恰似一幅没有经过修饰的水墨画,显得更加妖娆和娇羞。

　　这里的知青广场给人留下了深刻的印象,这是为追溯那段难忘的历史而建。由一男一女组成的红色雕塑代表 20 世纪六七十年代在崇明奉献青春的 22 万上海知青;石碑上刻着的"青春无悔"四个字诉说着知青们心中的信念;八面知青墙象征着当年前哨、前进、新海、红星、长江、长征、跃进、东风等 8 个农场,上面镌刻着的一个个知青名字见证着一代人的青春年华。这既是崇明的历史,也是上海知青的历史!

　　这里的攀岩场位于公园的北侧,岩墙高耸,地势开阔,两条国际标准的赛道在全国都堪称屈指可数;这里的滑草场,占地面积10 000多平方米,坡高10多米,草地颇平展,是上海地区唯一的一家滑草场;园内,荷兰风车临水杉湖而立,背靠着原野乐园,面对大草坪,在蓝天、白云、绿树、翔鸽的映衬下,欧陆风情,赫然眼前;这里还有青少年喜爱的彩弹射击、骑马场、卡丁车和自助烧烤、森林童话园等,充分体现自然与人的美好意境。

　　东平国家森林公园,这里的景色太美了,所到之处,蓝天白云相约,花草树木争艳。这里从当年的林场到如今生态养生氧吧的公园,从单一的水杉树到树种繁多的国家森林公园,多少年过去了,今天的功能与过去不可同日而语,但其本质和精神却没有变。

　　赶快卸下世俗的负担,挣脱令人窒息的枷锁,放弃无度的竞争与贪婪,从"水泥森林"中走出来吧!从拥挤的马路中走出来吧!来看看这里的土,这里的水,这里的云,这里的树,这里的草,还有数万株杉树的致意和鸟儿的歌唱……它们会使你的眼睛变得明亮,脚步变得欢悦,心灵变得纯净。

重游复兴岛公园

复兴岛公园位于杨浦区定海路街道共青路385号。据介绍,该公园原系上海浚浦局体育会,建于20世纪二三十年代,抗战期间被日军占领,抗战胜利后归还浚浦局。1948年10月立"复兴岛收回纪念碑",1967年"文革"期间被毁。上海解放后,由港务局接管,1951年2月移交工务局,稍事修葺后,于当年5月对外开放,面积为4.19公顷。2009年5月,市、区二级政府对公园进行了全面改建,通过"保留、恢复、提升、整治"等手段,改建后的公园在景观上突出了松柏、棕榈、樱花林、心字湖和具有历史意义的"白庐"(据称,这里是当年蒋介石离开上海去台湾前的居住处),使之成为一座整洁、安宁、祥和的园林。

20世纪70年代末,我还在海军舰艇部队期间,曾因到复兴岛海军医学研究所搞"外调"时到过这里,复兴岛公园给我留下了深深的印象。倏忽间30多年过去了,今天故地重游,这里已是旧貌变新颜,充满了现代化的气息,如画的秋景,透出其质朴无华的本色。

2015年国庆期间,伴着凉爽的秋风,我又一次来到复兴岛公园。那天上午,我和妻子刚出家门坐12号地铁时,还是阴天,当到达复兴岛地铁站出来时,天空飘起了毛毛细雨,时不时地下下停停、断断续续……但在雨中逛公园,亦别有一番情趣。

当我们沿着共青路向复兴岛公园行进时,行道两旁郁郁葱葱、高大笔直的水杉直指蓝天,一棵棵香樟树绿荫如盖,一排排船厂的厂房掩映其间,古朴典雅。行走约10分钟,便来到复兴岛公园。入得园门,首先映入眼帘的是一片翠柏围绕着的一块大石耸立其间,上面用繁体刻写的"复兴石"三个大红字耀眼夺目。此时,雨还在淅淅沥沥地飘洒着,公园里的游人不多,显得宁静而幽雅。然而,当我们穿过一片樱花林,便来到一个开放的草坪广场,瞬间潇潇雨歇,只见一对新人正在这里拍婚纱照,他们面带笑容,相依相偎,并在摄像师的引导下,不时地摆出各种浪漫的姿态;不远处的露天广场上布置了几排桌椅,桌上摆放着鲜花,地面上铺着红色地毯,此时,从一旁的湖心亭里传来一阵阵优美动听的乐曲声,可想而知,这里是正在为即将举办婚礼而忙碌的场景。

那秋天的雨,来得快,去得也快,不一会儿,天空越来越明亮,阳光渐渐露出了笑脸,把公园四周抹上了金色,光彩夺目。漫步在园中弯弯曲曲、湿漉漉的小道上细细欣赏,这里植被丰富多彩,花草成片,无尽的绿色绵延开来,空气纯净得没有一丝杂质,天空飘浮的云彩变幻着各种美丽的图案,共同绘画出了一幅秋日最美的油画,让人顿生自然静怡的享受。

复兴岛公园所处的位置闹中取静，外面是钢筋水泥的厂房和商铺林立的闹市区，公园则是一处静谧悠然的休闲之地，视觉对比效果甚是有趣，让人仿佛置身于两个截然不同的世界。

我们在公园那洁净的石板小径上徜徉，在翠绿的枝叶间穿行，在紫薇奇特的虬干前驻足，观景赏秋，一眼望去，这里几十棵亚热带棕榈树，叶片如扇，随风翩跹。这里四周诸树杂陈，松枝葱翠，竹子挺拔，桂花飘香，绿波香氛，和着惬意的秋风与我的思绪一起向着远处缓缓荡漾，荡漾，仿佛自己亦融入了那美丽的画卷之中。

滨江森林公园

夏日的一天,我来到被人们誉为"绿肺"的滨江森林公园,它原为上海三岔港苗圃,位于浦东高桥地区,占地面积 300 多公顷。这里有着得天独厚的地理位置和优美静谧的环境,与浦西吴淞炮台湾湿地森林公园隔江相望。这座沐浴江风渔火,头枕江涛海浪的滨江森林公园,它沟通了郊区林带与上海市中心的绿地,是一条输送清新空气的"绿色通风大道",从而形成了上海亮丽的门户景观。

穿越密林和花丛,漫步在公园最北端长达 2 公里的"滨江海岸线"上,江风习习,清凉无比。放眼望去,一边是天水相接,浩浩渺渺,奔腾到海不复还的黄浦江、长江和东海三水会合处,人称"三夹水"之地;一边是植被丰富,苍翠迷人,松涛低吼的茫茫森林,置身其间,清新宜人。江滩上,几个风筝爱好者,他们三三两两在一起,一边在聚精会神地表演着自己的花色风筝,一边还会在现场指导人们放风筝的技巧,放飞着寓意梦想的自制风筝。这里设置了栏杆,铺设了木栈道,建起了休憩亭廊和搭起了亲水平台,遨游其境,心旷神怡,有恍如隔世之感。

行走在公园腹地,如同扑进大自然的怀抱。一片浓荫的密林、香樟树丛间木栈道绵延伸展。公园东侧,缓坡造景成林的水杉、雪松郁郁葱葱,林间小路蜿蜒曲折,一切都远离了尘嚣,原野况味十足,果园内有山楂、枣树、柿树、杨梅、枇杷以及大片橘树,到了秋天,这里就是一片品尝甘甜的天然乐园。

公园西侧,是一片迷人的"湿地生态观赏区"。水边石道错落有致,曲径通幽。水杉、枫香、广玉兰丛中,乌桕、枫杨等乡土乔木,枝繁叶茂,绿意葱茏,顺着高低起伏的地形伸展,涓涓溪流流向一个宽大的浅湖,这就是生态湿地。在这里,凉亭栈桥依湖而建,鸢尾、水葱、菖蒲等水生植物,在风中摇曳出诗画般风景,清凉舒适。在杜鹃园,当春天的脚步来临,漫坡遍野的杜鹃花红遍土坡,天池瀑布飞流直下,哗哗水声与花团锦簇的啼血杜鹃和竞相绽放的四季野花,绘成一幅有声有色的三维图画。兰园内,黄山玉兰、红运玉兰、黄花玉兰、二乔玉兰、紫玉兰和天目玉兰等,千娇百媚,香气飘逸。

炎炎夏日里,醉心徜徉在移步换景的滨江公园里,呼吸着高浓度负氧离子的清净空气;观赏着诗意般的绿荫和那水天一色,洪波涌流,巨轮远去,海鸥低飞的美景;聆听着海浪节拍分明的演奏,还可以在碧波荡漾的水湖中体验浪遏飞舟,可谓生态、舒缓之旅。

漫步花海植物园

五月的一天去上海植物园,正值花展期间,又适逢温馨的母亲节。园中的芍药、云锦杜鹃、春夏鹃、鹅掌楸、红茴香、月季、山梅花、火棘、锦带、椤木石楠、菲油果、红千层、七叶树、睡莲、鸢尾、大籽猕猴桃、刺槐、紫娇花、美丽苘麻、羽扇豆等众多花卉欢快热烈,竞相争艳,绽放出一片浪漫的彩色花海,令人赏心悦目。时值初夏,气温却已高升至30℃,园区内河水环绕,树木蓊郁,竹荫蔽日,鸟语花香,清爽宜人。漫步在曲径通幽的小径,一股浓郁的芬芳直抵心肺。满眼应接不暇的都是花,那地上的花,树上的花,枝枝团团,蓬蓬勃勃,如灿烂的礼花,在天空里争相怒放。

在众多的花卉中,这里最吸引人的是那片月季园,眼下正是月季盛花期。这里的月季花,品种和花色繁多,有黄的、粉的、紫的、红的,缀在翠绿的枝头,那红的如火,黄的似锦,粉的若云,把整个月季园装点得五彩斑斓;这里的月季有枝高达一人多高的,有齐膝高的；那圆润饱满、层叠交错的花瓣，大的如碗口大，小的有酒杯口大；那繁花开在枝端，蓬勃烂漫，热情奔放，如一簇簇火焰晃动在穹顶上，犹如一条火龙蜿蜒而去，染红了树，染红了地，满满当当，铺天盖地，交错叠织，争奇斗艳，连那空气里也都泅了几分的红，引来成群的蜜蜂在花丛中穿梭，一只只蝴蝶在周围翩翩起舞。不少游客驻足观赏、拍照，人声鼎沸，欢声笑语。一群学生在此写生，他们支起画架，手握画笔，聚精会神地描绘着眼中的美景，那鲜艳的服饰和艳丽的花朵交织在一起，组成了一幅人与自然和谐相处的绝美图画。置身在月季园中，那鲜艳的花，初迷人眼，再迷路径，人被淹没在花的世界里了。

行道旁的樱桃树、桃树等虽已过了花季，但已结出累累硕果，满树枝叶间的串串小樱桃，泛黄变红，悠悠地晃着自己的纯真。还有那一只只小青桃，如一颗颗翡翠，碧绿生青，成为夏日公园的一道别样的靓丽风景。

室内植物园、兰花园和盆景园，那醉人的景色，袭人的花香，更是吸引着众多的游客观赏。那一大片高大挺拔的翠竹林和水杉林，在夏日的阳光下格外的绿，绿得纯、绿得洁，绿得就要滴翠。清风徐来，翠竹和水杉的枝叶一片片地摇晃着、闪着，枝云叶雨，姿态万千，如一排排密密的翠蝶颤动着翅膀，涌起层层绿色起伏的波浪，令人心旷神怡。

走走、停停、看看，被眼前那一幕美景深深地吸引，一片纯洁而鲜艳的花丛，枝头摇曳、花儿笑盈，脉脉传情；花丛中，一群身穿艳丽旗袍的中老年妇女正在悠扬的乐曲声中翩翩起舞，曼妙的舞姿里透出了几分春天的绚丽和浪漫。

　　花给人以美,给人以向往。陶冶在花的海洋里,沐浴在花的芬芳里,当人的思绪全沉浸在花香里的时候,人就自然长养在精神世界里了……

领略顾村公园

春光明媚,云淡风轻。又到了一年中最好的赏花季节,清明节那天,我来到宝山顾村公园观赏樱花。它拥有本市目前面积最大的一片樱花林,植有近万株樱花,这里有先花后叶的早樱和花叶同步的中晚樱等28个品种,形成了总面积达13万平方米的樱花长廊。

步入公园,举目望去,此时的早期樱花已齐齐绽放,缀满枝头,灿若云霞,成为一片花的海洋。中晚期的樱花则含苞花蕾,正蓄势待发。花影绰约的樱花林,配以周边各式小灌木丛及景石、亭子、木栈道,形成立体感强、层次丰富的植物美丽组合,融为一幅浓墨重彩的写意画,人在其中,仿佛置身于一个粉色的童话世界,平时工作中的压力得到了尽情释放,真是怡悦身心,有益健康。

走进樱花园,在蓝天、白云、绿树的映衬下,只觉身前身后全是轻绯淡粉,如雾如霞的娇艳早樱争相盛开,倘若碰上一阵风来,无数花瓣柔柔落下,如雪花漫天飞舞般的清高、纯洁、浪漫,蔚为壮观,令人目眩神迷,竟有一种天上人间,今夕是何年的感觉。花潮人海,亲情、友情、爱情在春光花海中慢慢流淌。游人们情不自禁地在樱花丛中摄影留念,用镜头记录下一处处美景和一个个人花相映的精彩瞬间。

"结庐在人境,而无车马喧"——顾村公园有"七园",即异城风情园、郊野森林园、森林烧烤园、森林漫步园、儿童森林嘉年华、森林运动园、植物观赏园。来到这里,仿佛把人引入一个新的奇妙境地。公园植被丰富,推出"春赏樱""夏赏荷""秋赏桂""冬赏梅"的四季花游,充实顾村生态旅游集聚区的内涵。

在大树华盖的林荫道悄然前行,公园美景不断地涌入眼帘,趣味十足,心情格外舒畅。苍翠挺拔的水杉林大片大片地矗立在河畔;一座座小木屋掩映在绿树花草之中;一把把五彩缤纷的遮阳伞和一顶顶色彩艳丽的帐篷,错落有致地散落在行道旁、树林中或草坪上……繁花袅娜,或零散或成片绽放着,公园美景在不断地变换,四弥漫着花草醉人的芳香,我仿佛在世外桃源中,享受一种别样的回归自然、返璞归真的自然生态踏春赏花之旅。

人们穿行在花海里,沾染着花香和喜悦,看花的,说花的,脸上挂着灿烂的笑容,追寻着吉祥的梦,快乐的梦,美好的梦。

红学之旅大观园

上海大观园位于青浦最西端的淀山湖畔,占地面积2 000多亩,是一座根据《红楼梦》而建的大型园林。自1984年建成开放以来,被评为上海40周年十佳建筑、十佳休闲新景点、上海十大旅游特色园林。

大观园设计精湛,建筑宏伟,亭台楼阁,精雕细镂,古木翠竹,相衬成趣,兼具皇家园林气派和江南园林秀丽风格。

这里的"大观楼""潇湘馆""怡红院""稻香村"等,或华丽,或朴拙,或清幽,或淡雅,处处体现了曹雪芹在《红楼梦》中所描绘的风韵和意境。

这里的家具、陈设乃至匾额楹联,一草一木,均根据《红楼梦》中描写的故事情节和人物关系,设计安排了多达100多幢宋明清时期式样的仿古建筑,有的豪华富贵,有的端庄古朴,有的器具属罕见的珍品古物。那些在门框、门檐、门槛和窗棂、窗花上惟妙惟肖的各种装饰,都是当年从全国各地招来的能工巧匠,用手工制作的雕刻精品。一些"老货"家具,年代可追溯到宋代末期,明代初期,清代数量最多。这里物件之多,物件之精,可谓是我国古代家具的博物馆。

走进大观园,则见"崇阁巍峨,层楼高起,四面琳宫合抱,迢迢复道萦行。青松指檐,玉兰绕砌,金辉兽面,彩焕螭头"。这里的整片建筑飞光流彩,金碧辉煌,一派帝王宅邸的气势。大观楼东南,便是林黛玉居住的"潇湘馆",从月洞门入,沿曲折游廊,经六角亭,便可看见黛玉所挂的鹦鹉架,跨过溪水上的水桥,可来到"有凤来仪"主厅。薛宝钗的"蘅芜院",另是一番情致,院内一株株花儿,迎面太湖石,"鱼儿"在池中安逸地喷水,真可谓"蘅芜满净苑,萝藤助芬芳"了。

跨进镌有"怡红快绿"匾额的"怡红院"院门,只见深宅重院,富贵典雅。绛芸轩前,植着芭蕉和海棠。中间过厅,东西两屋,以碧纱橱和博古架相隔。岸边芦苇摇动,远处天水一色,置身其间,无不让人迷醉。

大观园四周,还有民族文化村、梅园、青云塔、桂花苑等,有游艇、手划船、竹筏、激光手枪、射箭、古装摄影等娱乐设施和大观园度假村,丰富多彩的旅游项目供游人休闲度假。

漫步上海大观园,一步一风景,一处一特色,生动有趣地呈现在游客面前,有着说不完、道不尽的多彩色调。

冬日桂林公园行

冬日的一天,乘坐地铁12号线,从北外滩出发,仅用30分钟便到达桂林公园站。来到公园,尽管马路上的树已只剩枝干,但园内却是另一番景象,这里依然是绿意盎然,葱葱郁郁,生机勃勃,一大片蜡梅在寒意中昂首怒放,薄薄的花瓣如蜡一样娇艳透明,空气中弥漫着清新的香气,沁人心脾。漫步其间,环境整洁,风景宜人,神清气爽,享受着冬日里别样的韵味。

桂林公园位于桂林路128号,始建于1929年,占地面积3.55万平方米,原系上海黑社会大佬黄金荣私人别墅,又名黄家花园,出资350万银元,1932年竣工。1937年"八一三"事变后,上海沦陷,园内关帝庙、内宅、静观庐等建筑被日军毁坏,大批树木遭损。抗战胜利后,黄曾作修葺。新中国成立前夕,又遭国民党军队的严重破坏。1957年由上海市园林管理处管理,并进行全面修复,因园内遍植桂花树,故易名为桂林公园。

公园内树木茂密,树种繁多,有牡丹、含笑、松、柏、蜡梅、白玉兰、香桂、女贞等树木共4 000多株。这里成片成林的桂花树,枝干粗壮高大,枝叶茂密遮天,享有"桂树之林"之称。种植在四教厅东南角的那两株百年瓜子黄杨,造型美观,树干粗如碗口,苍劲魁梧,生机盎然,婀娜多姿,实属罕见。还有在八仙台前那株百年五针松,高耸挺拔,主干粗壮,枝蔓和密密的松针在空中伸展着,形如华盖,一片苍翠,端庄尊贵。还有那几棵榆树、香樟树和玉兰树,更是铁干嶙峋,枝杈遒劲,横空逸出,高高挺立。风轻轻吹过,偶尔传来鸟鸣,树下围着几位打牌的老者,又说又笑,其乐融融。

桂林公园造园艺术采用江南古典传统布景技法,布局精巧别致,园内龙墙、花墙回绕,小桥流水,叠山立峰,楼台掩映,亭榭参差,曲径通幽,花木葱茂。这里的哈哈亭、凌云亭、松月亭、颐亭、八仙台、观音阁、四教厅、迎宾厅、桂花厅、飞香厅、九曲长廊、拱桥等建筑物在清池小轩、苍松翠柏掩映下,构成完美统一的艺术建筑群。园中"四教厅"右边的六角亭上刻有蒋介石特意为黄金荣手书的"文行忠信"四个字。全园遍植金桂、银桂、丹桂、四季桂、石山桂等20多个品种共1 000余株,每逢中秋佳节,桂花盛开,满园飘香,沁人肺腑。

走进冬日的桂林公园,在这繁华喧闹、车流人潮和各式店招鲜艳夺目的反衬下,显得格外的自然、清新、古朴、规整、安详和静谧。

漫步瀛洲公园

崇明岛除了自然生态景区外,还有众多人文经典园林,其中瀛洲公园可谓是最具经典的园林。

瀛洲公园位于城桥镇鳌山路,南濒长江。这是一个由建筑小品、楼台亭阁、山水花木组合而成,集观光、览胜、旅游、休闲为一体的格调清新、典雅别致的园林式公园。

进入公园,首先映入眼帘的是庄重朴实的公园门廊,门廊上方由我国著名历史学家周谷城先生题写的"瀛洲公园"四个大字金光灿灿。踏入园内,迎面便是黑松山,既自成一景,又起障景作用。沿山左右两侧各建有林荫道,旁植香樟、龙柏、松柏、黄杨球,在这深深浅浅的绿色中,还不时穿插着一些不知名的花和草,有红的、紫的、黄的,艳丽夺目,多姿多彩,像极了一幅精美的油画。

近山处群植广玉兰,东西坡道分植夹竹桃、栀子花。山北坡散点黄石,南坡筑有太湖石砌就的人工假山,山上有泉水、小桥,下有山洞,小瀑布,水流经小溪汇入星湖,但见鱼儿在溪口欢快游弋。这里为最佳观鱼处,建有观鱼览胜亭,砖木结构,小青瓦顶,翘角,古朴典雅。

东北丛植玉兰、栀子花。沿着人行道来到这里,便是全园的中心位置。放眼望去,星湖及湖中星岛,尽收眼底,湖水中倒映着整个建筑群。与观鱼览胜亭隔湖相望处建有临波亭,亭为砖木结构,六角翘檐,挺拔俊秀,青瓦结顶,正反相扣,排列整齐。东南有座石拱桥横跨于湖上,上有周谷城先生手书"破浪桥"三字,十分醒目,尽显悠久历史经典园林的气派。

来到园东北角的沧浪亭,这里是全园的最高处,也是观景的绝佳处,在这里可俯瞰全园和眺望长江。从沧浪亭往前走去便拾级而上登临被人们称为崇明外滩的长江景观大堤。沿着蔚为壮观的江堤漫步,彩砖步道,林木蓊郁,配置了休闲椅、音响、水玲珑等,人们坐在椅上,可沐浴江风,听浪闻涛,遥望对面的风景,惬意极了。景区东西总长为1 500米的大堤两侧安装着古典式的路灯。气势恢宏的九个白色罗马式拱门矗立在大堤中央,高低错落有致。拱门正前的方形基座上竖立着一尊大型花岗石碑,石碑形如崇明岛的地理形状,既似卧蚕,又似草鞋状。正面刻有"崇明岛"三个行书大字,背面为"崇明海塘碑记",在春日的暖阳下熠熠闪光,游人们纷纷举起手中相机,拍个不停,即使这样,也无法装下那宝岛胜景。

漫步在江堤上,吹着江风,放眼远眺,滔滔江水一泻千里,气势磅礴,让人的心情随滔滔江水放飞,心旷神怡,感慨万千,思绪久久不能平静。

郊野春风扑面来

人间四月芳菲尽,山寺桃花始盛开。迎着春日和煦的暖阳,我们一行来到景色秀丽的长兴岛郊野公园。只见湖面清水悠悠,碧波荡漾,游船穿梭,银光闪亮;湖边亲水平台及湖中倒映着一幢幢红瓦白墙农舍和绿树、凤竹;湖岸四周茂林修竹,郁郁葱葱,青翠欲滴,红艳的海棠、雪白的樱花、洁白的玉兰花,还有那晶莹剔透的山茶花,色彩绚丽,热情奔放,好一派争奇斗艳的景象。从繁华的都市来到这充满野趣的公园,只觉得阵阵春风扑面而来,犹如置身于春天美丽的图画中,享受着原野的纯朴和热情,诱人悦目,心旷神怡。

公园位于长兴岛中部,北临生态水源地青草沙水库,总体规划面积29.69平方公里,是上海规划建设的21个郊野公园中面积最大的一个,仅目前已对公众开放的一期工程就有5.56平方公里,相当于1.5个崇明东平国家森林公园,即使乘坐观光游览电瓶车绕园一周也要半个多小时。公园包括森林涵养、橘园风情、农事体验、文化运动和综合服务等五大功能区。

公园是在原前卫农场的基础上建成的，保留95％农场防风林，并在防风林间别出心裁地开辟了很多林间小道，哪怕是夏天最热时，在遮天蔽日的绿叶林间行走也能感受到丝丝凉意。我们一路走去，合欢树、水杉树、香樟树已然成林，绿茵层叠。"梦幻花海"区域里种植着食用玫瑰"墨红"，已是嫩叶吐芯，初露苞蕾，到了4月下旬至10月下旬的花期就会无所忌惮地争相盛开，那时，整个玫瑰园顷刻间变幻成一片花海，成为园区内一道靓丽的风景；400亩"百果天地"里，一年四季果香四溢，公园和上海市农科院、上海交大农科院等果蔬研究机构合作，精心选种了樱桃、黄桃、草莓、葡萄、凤梨、火龙果、无花果等水果，游客在不同季节均可体验到即采入口，怡然无穷的采摘乐趣。原有农场的大片橘园都被原封不动地保留，种植着柑、橘、柚、橙等50多个品种的果树，形成橘园风情区。600亩"柑橘采摘园"内建有休憩长廊，游客可驻足休憩、品橘赏橘。据导游介绍，今后公园内还将开辟专门的帐篷营地，供游客搭帐篷露营。

在"农事体验区"，有一个"农场菜园"，有"蔬菜加工和售卖""我家菜园"等创意体验项目。"我家菜园"是"农场菜园"的主打项目，每块菜园面积约50平方米，认领之后就可享受园方提供的从品种选择、种植、栽培到配送的一条龙服务，在蔬菜生长过程中还可以实时监测自家菜园里蔬菜的生长情况，体验农耕乐趣。

公园内，河道纵横，清溪蜿蜒，溪上有依据农历二十四节气建造的"节气拱桥"，游客不但可以了解二十四节气的相关知识，还能感受不同节气拱桥带来的别样韵味,如刻画着玉米图案的芒种桥、刻画着麦穗的小满桥……可谓"一桥一特色,桥桥生意境",充分体现了公园文化的内涵。走在桥上古意盎然,桥下涓涓溪流如玉带飘然而过,给公园平添了几分秀丽色彩。清澈透亮的溪水随我们一路欢歌,让人遐思无限。这里的珊瑚馆、奇石馆、古船木馆内展出的各类展品,造型奇特,色彩艳丽,为爱好艺术和追求自然的人群营造一方天地。

"野趣"是公园的重要特色。长兴岛郊野公园是在土地整治基础上,按照土地性质不变、土地权属不变、经营主体不变的原则,将郊野地区生态、生产、生活要素融合打造成生态休闲健身场所。"万米步道"是其文化运动的体现,宛如一条红黑相间的缎带,将郊野公园的景点项目串联起来。走在步道上,绿树成荫、鸟语花香,"花溪湖"碧波荡漾,水光潋滟,春风轻轻吹过,一股自然郊野的韵味扑面而来,真是景随心移,心随景喜。

占地面积约 150 亩的"阳光草坪"是公园的主要景点之一,在这里游客可以感受杉林叠翠,体验林下烧烤。草坪上是见不到"请勿践踏"的牌子的,你可以随意上去走走坐坐,要是愿意,可以在草坪上翻跟斗,或带着你的宠物在草坪上尽情撒欢,野趣盎然。

在综合服务区,游客还能体验到最纯正的农家风味美食。这里有一家"农场食堂",菜肴以江浙沪农家土菜及本帮菜为主打菜品。时令蔬菜来自公园的"农事体验区",鸡、鸭、鹅都是橘园里散养的,鱼虾则来自长江。品味着原汁原味的农家菜,回味绵长,让返璞归真的野趣,在舌尖上跳动。

游走在公园,笔者感叹大自然的神奇与伟大。这里的自然生态条件得天独厚,一片片错落有致的田园碧绿苍翠,在春日的暖阳下暗涌着勃勃生机。这里到处是宁静闲适的环境和秀美的自然风光,淡淡的微风在身边萦绕,空气中散发着浓浓的花香,碧波潺潺的溪水送来阵阵清音,野鸟吟唱着动听的山歌,不由得让人心生醉意。

踏上公园的北岸,沿着江边游览,阵阵江风轻抚面颊。举目远眺,青草沙水库平静而宽阔,只有微风轻轻吟唱,在水面划出阵阵涟漪。滩涂上绵延无边的芦苇,青枝绿叶,随风飘动,苇波起伏,浩潮广袤,气象万千;万顷碧波的长江,波光粼粼,水天相接,江面上渔帆点点,穿梭往来划出一道道雪白的水痕;一只只鸥鸟自由翱翔,时而在水面嬉戏觅食,时而在空中盘旋,展现着优美的身姿;蓝天白云下长江大桥近在咫尺,气势恢宏;造船基地的塔吊,昂首矗立,与旖旎风光交相辉映,这一切构成了层次分明的巨幅画卷。

田园风光,郊野趣味。这里是海岛儿女的骄傲;这里似是镶嵌在祖国山河中的一块无瑕美玉;这里更是摄影家和绘画家的天堂。独特的四季景致与丰富多彩的光影,让无数摄者和画者久久驻足,他们用镜头、用画笔,更是用心灵去捕捉那人间极致的美景,展现着上海生态文明建设的生动画卷。

上海迪士尼印象

2016年6月16日,上海迪士尼乐园正式开园。五月末的一天,我有幸游览了试运行的上海迪士尼乐园。

上午9时许,从上海市区出发,换乘两部地铁,大约近一个小时便到达上海迪士尼乐园。经过严格的安检后,走进园区。尽管这里还处在试运营阶段,但却人流如潮,每个景点都排着长长的队伍,据工作人员提醒告知,各景点都要等待一至两个小时才能进场。尽管如此,但整个园区内环境整洁,秩序井然,每个景点都有众多的工作人员热情接待,耐心引导,笑脸相迎。

说是试运营,但园区内的设施完备,堪称一流。在园区内游览了近三个小时,基本上所有景点都逛一遍,每个景点的服务员维护秩序热情周到,安全措施可靠周全。那天正值六一前夕,小朋友特别多,尤其是供小朋友们游玩的场所,工作人员更是忙而不乱。他们对每一处的设施都要进行认真仔细检查,以确保安全,做到万无一失。娱乐设施开始运转后,还不时地进行安全提醒,耐心地讲解安全事项。

漫步在乐园里,仿佛置身于童话世界。这里绿树成荫,花草幽香,点缀在园区的湖光山水之间,与周围千姿百态、各具特色、美不胜收的或雄浑或婉约或凝重而华丽的中西建筑融为一体,格调清新,错落有致,色彩鲜艳,典雅别致,让人目不暇接。徜徉在古城堡里,数面高大整块的墙面上,金色牡丹闪耀,或雕花镂空,或悬挂巨幅图画,晶莹剔透,大气浑成,精美绝伦,其精妙构思,给人以智慧,催人遐想。

乐园里文化底蕴丰厚,随处可见的雕塑造型逼真,惟妙惟肖,异彩纷呈,妙趣横生,洋溢着浓郁的文化感观。这里的明日世界、奇想花园、米奇大街、梦幻世界、宝藏湾、探险岛和迪士尼小镇等七大景区,50多个景点,还有商店、餐饮、小吃部等50多个,可谓是星罗棋布,步步是景,恍若走进奇妙的人间仙境。这里精美的广场绿地,澄清的湖水,高耸的城堡,别致的景观,相互衬托,相映成趣,形成道道靓丽风景线。

这里到处有穿着米老鼠、唐老鸭、白雪公主、芭比娃娃服饰的模特,摆出各种不同的形态和姿势,吸引众多的游客同他们勾肩搭背地合影留念,其乐融融。这里最引人入胜的是漂流、探险、迷宫、过山车、旋转木马、飞象等项目,景点上挤满了人,气氛热烈,让人流连忘返。

游完乐园后走到大门外,站在喷水池前的草坪平台上四周环望,整个迪士尼乐园尽收眼底。午后阳光明媚映照在蓝色的湖面上,波光溢彩;蓝天白云下的城堡色彩斑斓,洋溢出一派生机盎然的万千风情,好一幅原汁原味迪士尼、别具一格中国风的迷人油画。

古朴秋韵水博园

深秋时节,我到闵行区马桥镇澎渡村韩湘水博园游览,那古朴自然、优雅怡人、风光秀美的景观,宛如一幅纯粹的水墨画卷,镶嵌在诗意浓浓的旷野之中,让人仰慕。

韩湘水博园,依林傍水,占地约 400 亩,是马桥镇澎渡村 3 000 村民为保护上海饮用取水口安全而建的一个生态园林。水博园所处地名叫"韩仓",相传古代八仙之一的韩湘子在此有一大片宅院,留下很多关于他的民间故事。这里景色迷人,泥土芬芳,是纯净水的取水地,更是天然氧吧、钟灵毓秀之地。

进得园区,一棵棵苍劲挺拔的古树名木围成风景带,一栋栋古建筑、一座座古石桥掩映其中,错落有致,文静典雅。一条河流环绕整个园区,潺潺流淌,河光水色,清澈剔透,碧波荡漾,宛若一面巨大的镜子。滋养而生的芦苇、水草、荷叶等随水显倒影,相映成趣。四处静悄悄,风儿在耳边轻轻拂过,在深秋季节更显宁静祥和。极目远望,河岸柳枝轻摆,树影浓密,桥亭廊榭,错落有致;

透过树隙,鹭鸟翩跹,风姿绰约,天然质朴,古韵悠悠,令人心旷神怡。

韩湘水博园由古生态园区、古文化园区和农业观光乐园组成,静静地卧在浦江岸边,自然美与人文美交相辉映,完美结合。古生态园区以河道、古塔、古树、景观石、仿古建筑为主要构件,以质朴、清纯、自然、野趣为格调。园内的贵州苑,是从贵州移建,由吊脚楼、盆景园和亲水平台组成。全木结构的吊脚楼具有百年历史和苗族特点建筑风格,置身其间,宛若走进诗里的桃花源。这里还有水生物科普馆以及古桥科普馆。随处可见成片成片的古树,千年古樟、银杏、紫薇、木瓜、桂树、对节白蜡、瓜子黄杨等蔚为壮观,各领风骚,相得益彰,构成了一幅苍劲、幽深而又充满活力的古生态画卷。

这里溪流密集,古桥纵横,野趣浓郁,30余座明清时期所建的从全市各处搬迁至这里的造型美观,风格各异,精致玲珑的古桥或仿古桥,或聚集或潜伏,联结在园区内蜿蜒河道上四通八达的各个景点。有五孔的韩湘桥,单孔的香泾桥,三孔的醒狮桥,还有万全桥、泰顺桥、双桥、缘道桥、吟春桥、外婆桥、丰泽桥、龙凤桥、杨树浦桥、龙华港桥等跨梁式平桥、曲桥、廊桥,每一座桥都有一段令人称道和赞美的人文历史或动人故事。这些桥的望柱、栏板上雕有精细的图案花纹,有莲花、六道轮回、万字等图案,这些古朴厚重的图纹不仅美观,还寄寓了人们祝福、祥和的美好愿望,给古桥增添了不少韵致。有的桥还在每根望柱上仍保留姿态各异、形象逼真的石狮。有的桥上建有木质桥廊桥阁,桥形曲折,可遮阳避雨,桥侧设有美人靠护栏,可供游人休息,凭栏观赏水上风光。小桥流水间的少穆亭、三江红亭、忠靖亭等亭台都以回转黑瓦登场,朱红的雕花木格门窗、青砖铺设的地面,古色古香,彰显着传统建筑的精彩。整个古生态园区河水与石桥相亲、古桥与亭台相连、亭台与古树相依、古树与花草相伴,形成一片充满野趣、布局精巧,透着古朴神秘色彩的园林风光。

这里有重达百吨的巨石,有太湖石、三江石、钟孔石、火山石、灵璧石。有的如群峰巍然,有的似仙女展读,有的像如来打坐,有的恰大鹏展翅,有的更像远航的风帆,给人以鬼斧神工之叹。河水清澈见底,水上水下,分不清哪是倒影,哪是实景。河水中一条条鱼儿,忽明忽暗,上浮下沉,不知疲倦,游来游去,悠闲自在,好不惬意。一艘石帆仿古船,依偎在古桥旁,颇有"野渡无人舟自横"的意境。

走进古文化园区,这里集中发掘和展示了黄浦江文化、马桥文化和马桥历史文化名人。建有黄浦江历史文化展示馆、马桥古文化遗址仿真馆、董其昌画院、黄浦石林以及本地的历史文化名人纪念馆、宗族祠堂等。黄浦江是上海的母亲河。黄浦江从春秋战国时期开挖,到明朝永乐年间基本形成,距今已有2 000多年的历史。黄浦江历史文化展示馆系统地介绍黄浦江的形成及在治理中作出贡献的历史人物和有关黄浦江的水系历史事件、文献、文物等,其中包括历史名人范仲淹、海瑞、林则徐等当时给皇帝奏疏、治理工程的碑文及抒情感怀的诗歌散文,向人们展示了历史的厚重和先人的智慧。马桥地区是马桥古文化遗址的所在地。马桥古文化始于距今 3 200 年,分布在环太湖地区,是研究上海历史的重要资料。仿真馆通过仿造的手段把马桥文化先民的生活形态和马桥遗址的地理风貌真实地展现出来。古文化园区还原古文化的空间,营造古文化的氛围,让优秀的传统文化得以延续和发扬。

农业观光乐园以现代农业观光、黄浦江岸农家生活及乡土文化展示、农家休闲娱乐为主要功能,设农业生态展示区、江岸村落展示区、水生经济作物园区、果树种植区、垂钓区、购物休闲街、农家度假村、农业科技展示馆等项目,以传统节日为载体,以民风、民俗、民间艺术为内容,吸引城里人来旅游观光,尽情享受大自然旖丽风光,体验传统的农家田园生活和民俗风情的休闲乐趣,感受江岸的风土人情和农耕文化,其意深深,其乐融融。

秋阳下的韩湘水博园,满树秋叶涂上浓艳,满河清水闪着金光,满地花草层层叠叠,在秋风中摇曳,静静地融合在园区的风景里。丰美的深秋是四季中最有韵味的季节,园中信步,心旷神怡,浮想联翩:憩溪水旁,休亭台间,这般轻轻松松走马观花悠悠地游,细细地品,那形状各异的古道、古桥、古石、古建筑,展示着民族文化的辉煌,营造着原生态的自然美丽与和谐。

冬日的和平公园

在冬日的暖阳下,走在街头的行道上仍有些丝丝的寒意,然而当来到位于虹口区东北部的和平公园,这里却是另一番景象。

进入园区,放眼望去,这里的树木花草茂盛,座座屋舍,片片林带,绿黄蓝紫,五彩缤纷,整个园区像似一块调色板。那一棵棵高大挺拔的樟树、松树、玉兰树、棕榈树等在阳光的映照下显得格外青翠碧绿,姿态优美,生机盎然。而那些落尽树叶的梧桐树、银杏树、合欢树、栾树的枝干,苍劲挺拔,雄伟壮观。那一簇簇蜡梅花、梅花、山茶花和一些不知名的野草花,花枝招展,竞相争艳,光鲜夺目。还有那几棵月桂,绿叶间盛开着一簇簇米黄色的小花,在清冽的空气里,飘来一阵阵幽幽的清香。

漫步林间,映目而来的是深深浅浅的翠绿,充足的水的滋养,让这里的每一棵树,每一株草,都生长得鲜活繁茂。穿过木栈道,驻足或缓行间,更是一番景象。一群群中老年人,有的聚集在广场上或放声高歌或翩翩起舞;有的在湖岸边悠然自得地钓鱼;有的在树林中欣赏着挂在笼子里的宠物鸟；还有三三两两的围坐在一起或下棋、或打牌、或拉二胡，热热闹闹，其乐融融。

漫步湖边，只见一对对青年男女，在湖中划着小船，优哉游哉，在那两岸绿树碧波间，划开水面，波纹缓缓散开，荡起阵阵涟漪。最热闹的场景那是动物园区，那里是孩子们的乐园，穿着花花绿绿衣服的孩子们与孔雀、猴子、小鹿、小羊、小猪们一起嬉戏，欢声笑语随着寒风飘荡在园区上空。

据介绍，和平公园建于1958年，全园占地面积260亩，其中水域面积47亩，是一座以中国自然园林风格为特色的综合性公园，园内体现中国古典建筑特色的百花馆、水榭、石舫，可供游客傍湖品茗，赏心悦目，公园的山、水、建筑、植物，配置相得益彰，风光怡人，景色秀美。

园内的动物岛占地约10亩，四面环水而居，狮、虎、熊、豹、猴、梅花鹿等动物迁居岛上，湖面上架设木桥和木栈长桥，湖中种植荷花、芦苇等水生植物，并增设湿地。在植物的配置上，适用自然起伏的地形，采用大量的观花和色叶树种，形成更丰富的"春景秋色"。功能布局上，根据市民活动的特点，进行合理分区和空间组织，形成有动有静，有开有闭的不同空间，强化了公园的服务功能，营造了和谐的游园氛围，成为市民休闲娱乐的好去处。

当离开公园时，太阳快下山了，天边的云彩渐渐浓重，瑰丽的晚霞，染红了树木，娇嫩的新月，将柔情注入水中。在这光焰消隐的转瞬，夜色的幽香，从湖水中、绿树间飘来……

此次和平公园之行，领略了园内的风光，特别是那独特的自然景观，给我留下了深刻的印象——这里的风景无限美好。

紫藤烂漫笑春风

四月的申城,伴随着春风春雨的滋润和温度的升高,便迎来紫藤花盛开的季节。紫藤的温馨浪漫与其他颜色的鲜花和变色树一起,奏响了一首五彩缤纷的交响曲,构成了一幅灿烂亮丽的春天画卷。

位于嘉定城南博乐路环城河畔的紫藤公园内,绽放着一片"令世界窒息的美丽"。据称,这里是世界上仅有的三座(其余两座均在日本)以紫藤为主题的公园之一,也是嘉定区与日本冈山县和气町开展友好交流的合作项目。园内种植了和气町町长藤本道生和友人赠送的近百株优质紫藤,近 30 个品种,从紫蓝到洁白等各色都有,占地面积为 1.4 万平方米,建于 1997 年初,1998 年 10 月正式对外开放。

春阳高照晴方好,吹面不寒杨柳风。四月中旬的一天,我来到嘉定紫藤园,即刻被眼前的优美景色所吸引。一座座钢架搭起的棚廊下,一串串、一簇簇硕大的花穗,有白色的,紫色的,粉色的,还有紫中带蓝的,宛若晶莹的珍珠,悄然绽放在灰褐色如龙蛇般蜿蜒的枝蔓上,轻轻悬挂,款款垂下,微风吹拂,摇曳生姿,绕园喷芳。据称,紫藤主要有三大类,即中国紫藤、北美紫藤和日本紫藤。其次,紫藤的美丽在于花穗长度,一般的花穗长度为15—30厘米之间,花期为10天左右。生长在嘉定紫藤园内的紫藤花穗,由于优良的生态自然和水土资源等舒适环境,加之优质的品种和精心培育,已使最长的花穗能达到100厘米。花期自4月中旬起至5月上旬,绽放着美轮美奂的容颜。那热烈、灿烂、缤纷绚丽的色彩透着阳光显得更加晶莹剔透,仿佛一处气势恢宏的彩色隧道,演绎着超凡脱俗的妙境花影。

沿着廊道一路走去,便来到河岸边塑胶铺设的健身步道,这里游人如织,观景赏花,人头攒动。一眼望去:那充满着温馨浪漫气息的紫藤花与碧蓝的天空,清澈的河水;那日式风格的石头灯笼与园内种植的樱花、玉兰、红叶李、海棠、桂花、蜡梅等植物以及凉亭、小桥、石凳,还有护城河的亲水平台,与周边一幢幢别致的民居组合得相得益彰。春风惬意中,花木簇茂,可听林间鸟语,可闻草木芬芳,可观水面鱼跃,饱览湖光水色,呼吸清新空气。欣赏着这番风光旖旎的美景,人似在桃源仙境中一般,尽显生态、自然、野趣,心情恰如春日般晴朗。

紫藤,一年四季都是美丽的风景。秋天时,绿叶变黄,渐渐飘落,地面铺上一层金黄色的地毯,演绎着"落叶岂是无情物,化作春泥更护花"的不凡境界;冬天时,落尽黄叶,藤蔓尽显它那枝干嶙峋,拙朴可爱的迷人风姿,那盘曲裸露的老根,有的缠在一起,像巨大的麻花,有的编织在一起,恰似一个美丽的中国结,别有韵味;春天,藤蔓上发芽,长出碧绿生青的嫩叶,紧接着,春风春雨一催,仿佛一夜之间,一串串紫藤花开出了笑脸,将满园装扮得热闹非凡,闪烁着灿烂的光芒;夏天,随着紫藤花的渐渐枯萎,密密层层的枝叶,碧绿莹莹,遮阴蔽日,透过枝叶的树上挂着一条条如豆夹一样的果实,凉风轻拂,情趣盎然,成为人们悠闲纳凉的好去处。

嘉定紫藤园的布局既具中国园林特色,又融入部分日本造园风格。徜徉在春天的紫藤公园,紫藤花密密匝匝,层层叠叠,翠叶婆娑,像绿云下飘逸的彩霞,蔚为壮观。晴空暖阳下,那盈架满棚的一束束紫藤花犹如浮起的彩云,又如缠绵的彩雾,倒映在横卧园中葫芦形的荷花池碧波里,恍若仙境般梦幻景致,艳丽夺目。放眼远眺,好像那儿有一片彩色的厚纱,盖住了绿色的枝叶;又如一只只美丽的彩蝶在飞舞,奇姿异态纷呈;更似一道彩色的瀑布奔泻而下,流光溢彩,极富活力与动感,令人心情悠然,乐而忘归。

紫藤花,她从不禁锢自己,有花尽情地开,有香尽情地放;紫藤花,紫的典雅,黄的奔放,白的高洁;紫藤花,美得自然,美得朴实,美得芬芳,赏之悦目,闻之沁心。眼下,趁紫藤花盛开的最佳时机,不妨邀几个知己,走进嘉定紫藤公园,定以满树浓香扑鼻的繁花相迎!

迷醉如画桃花园

春雨染绿了枝头,和风催开了花蕾。清明时节,来到位于军工路上的共青森林公园,跃入眼帘的是,小桥流水蜿蜒而过,波光粼粼的湖泊,犹如一面大镜子,倒映着蓝天白云,绿树红花,众多游船在湖面上闲荡,几只可爱的水鸟在湖面上嬉戏。园内绿树草甸迎风招展,那醉人的海棠、娇艳的桃花、雅洁的玉兰和浪漫的樱花,浑然天成,相映成趣。可谓是,一园之中,看遍江南春花,处处都是赏心悦目的如画风景。

穿过公园东北侧的华明桥一路向前,便来到占地面积为上万平方米的桃花源,边走边看,顿觉心神俱爽。园内种植着十余个品种的桃树千余株,有寿星桃、迎春桃、五彩碧桃、白碧桃、红碧桃、垂枝桃、紫叶桃、菊花桃、水蜜桃、绛桃和日本丽桃等各式品种的观赏桃花热热闹闹地绽放在暖人的春风里,悄然点燃浩瀚的天空,呈现着"桃之夭夭,灼灼其华"诱人的清纯美丽和独特魅力。

走进桃园,一眼望去,满园的桃花在明媚的春光下,风姿秀逸,嫣红一片,把整个园区遮掩得花团锦簇,装扮得分外妖娆,简直是一个缤纷烂漫的桃花世界。放眼远眺,那优美的树形,粉里透红的桃花,光洁的花瓣,一朵紧挨一朵,簇拥着、嬉戏着,像一只只花蝴蝶,扇动着美丽的翅膀,翩翩起舞,壮观艳丽;走近细看,那一朵朵桃花,那一点点绯红,更是如姿色妍丽的少女笑开了脸,扭动着柔美的身姿,亭亭玉立,婀娜多娇,楚楚动人。春风徐来,花随风动,万千桃花微微摇曳,风情万种,淡淡的花香从花蕊间弥漫开来,香气四溢,沁人心脾。花丛中,赏花游春的游客络绎不绝,呈现一派"人面桃花相映红"的惬意景象。

桃花园中,最夺人眼球的是公园去年新引进的品种——日本丽桃,因树形好似"飞天扫帚"而又名"帚桃"。与普通桃花相比,帚桃花苞饱满,花瓣繁密,而且花色更艳丽,花期更长久。此时的满树花朵如冲天火炬,昂首挺胸,一派欲与天公试比高的架势,绚丽无比,给公园增添了一份娇艳和浪漫的奇景,令人叹为观止。

那片生长在共青森林公园的桃花源,是上海市区内大面积桃林的绝佳观赏地,游客在这里不仅能欣赏到满树烂漫、如云似霞的花海胜景,还能体验到悠然自得和生态自然的田园风光,更是让中国历史悠久的花木文化得以继承和发扬光大。人们徜徉在花海中,与之亲近,放飞心灵,如入仙境。

行走在桃花园,清新的空气,扑鼻的芬芳,迷人的风光,醉人的风情,颇有几分"山重水复疑无路,柳暗花明又一村"的意境。

故乡樱花最鲜艳

一个风和日丽的春日,来到家乡崇明,沿途扑入视野的是一派清新的原野风光,只见河沟纵横,波光粼粼,河面上缥缈的水汽泛着淡淡的绿光,烟波荡漾,意境悠远;那路旁成片的绿树嫩叶和河沟沿的一丛丛芦苇编织的青纱帐,郁郁葱葱;一望无际的农田里,麦苗青青,油菜花盛开,一派春光明媚,生机盎然。整个海岛就像一座绿色迷宫,凸显"生态、自然、野趣"之美。

位于崇明东部地区中心镇北兴村绿友路的"崇明生态樱花园",展现在人们眼前的是那一片片琳琅满目的樱花千姿百态,那漫田遍野开满枝头的花朵,团团簇簇,举目远望,荡漾的绿叶映衬着的粉色樱花,泼红嵌绿,宛若浮起的彩云倒映在碧波里,相映成趣,蔚为壮观。走近细看,那朵朵盛开的樱花簇拥在一起,密密层层,重重叠叠,缀满枝头,热情奔放,争奇斗艳,似雪花飞舞,如繁星闪烁,满目芳菲。轻风拂过,翩翩花瓣如蝶飞舞,瞬间就在地面上堆积起一层厚厚的落英,不时地飘来一股股清香,沁人心脾,怡情养性。一小簇一小簇翠微的绿叶在枝头随风招摇着,像蓬勃的生命在跳跃,赏心悦目,美不胜收,尽情感受那樱花朵朵醉春风的浪漫情怀。

漫步花丛,尽情观赏,无比惬意。在樱花园,可看的不仅仅是花,这里还有一条如带蜿蜒的小河,水清岸秀,生机盎然,带着泥土的芳香,在林间盘旋流淌着,没有波浪,平平静静,明明亮亮,经过土坡、树林,流向远方。小河里的游鱼在水草丛中来回游着,仿佛在向人们夸耀着这里环境的优美。

驻足抬头,只见几只鸟儿在林间飞舞着,互相追逐戏耍,它们时而从枝叶间飞到溪边,钻进芦苇深处;时而又叽叽喳喳地唱着美妙的歌儿飞出苇丛,登上樱花树的枝头,好奇地瞅着远方而来赏花的陌生游客,似在欢迎人类朋友到这里参观做客。置身其间,好似来到"夹岸数百步,中无杂树,芳草鲜美,落英缤纷"的世外桃源。

崇明生态樱花园面积为 500 亩,樱花数量高达四万株,是上海最具规模的樱花园之一。这里的樱花种类繁多,有垂枝早樱、大刀樱、关山樱、江浙晚樱、福建山樱等 30 多个品种,也存有早樱与晚樱之别,以及花期与色彩的不同。但由于崇明地处江海沙地,和空气清新、水土肥沃的特殊生态环境,加之独具匠心的设计和合理布局,生长在这里的樱花具有花朵大,花瓣厚,花色艳和花季长以及抗逆性强和成活率高等特点,花期从早樱 3 月上旬起至晚樱 4 月末,持续 1 个多月,要比生长在上海其他地区的观赏期长 7—10 天。有民谚说:"樱花七日。"就是说一朵樱花从开放到凋谢大约为7天。然而生长在崇明的樱花由于得天独厚的条件，花期可长达10天左右。花色有雪白色、粉红色以及大红色，晶莹似美玉。还未等早樱花落尽，那晚樱已迫不及待地在明媚春光下含苞欲放，生机勃发，纷纷登场，喜迎客人的到来。

樱花娇媚艳丽，如凝胭脂，带来如火如荼的春色，带来满树满枝的喜气；樱花柔润清雅，恬淡素净，带来铺天盖地的花韵，带来温馨漫情的芳影。樱花美而不俗，清韵优雅，点燃了春的希望，散发着春的激情，成为春天里最绚烂的一片云霞。

夕阳西下，彩霞满天。当车缓缓离开樱花园，回头望去，那片一望无际盛开在家乡的樱花，生机盎然、灿烂炫目，犹如从田野飘来的一朵彩云，与蓝天碧水绿野以及乡亲们田间劳作的身影和农家屋舍升起的袅袅炊烟组合成了一幅人与自然和谐相处的绝美画卷。

浮香绕岸荷博园

崇明岛上绿华镇,有个荷花博物馆,占地面积达560余亩,品种包括观赏莲、香莲、菜莲等,多达350余个。还有来自太空培育的"太空莲",以及辽宁移栽过来的"古代莲"等珍稀品种。盛夏的一天,我避开热浪来到这里赏荷,享受着天蓝、云白、水清、荷花艳的特色美景。

放眼望去,荷花塘里,绿叶田田,像一把把撑开的绿伞,或漂浮于水面,或高探于碧波,仿佛层层绿浪,又似片片翠玉,把一塘碧水荡漾得凉凉的、绿绿的……还有那一朵朵妖艳欲滴的荷花,像高洁的仙女,袒露在明媚的阳光下,带着圣洁的微笑,亭亭玉立于荷叶之上,摇曳于缕缕清风之中,煞是诱人。

行走在园内的木栈道上,犹如漫步于荷花丛中,密密匝匝,宽宽大大的荷叶盖满了整个荷塘,翠盖红裳扑面涌来,一幅美不胜收的天然画卷渐次铺展,仿佛进入一个梦幻的世界,让人感到目眩身转,清凉惬意。那雪白、粉红色苞蕾欲放的荷花箭含情脉脉,充满期待;缤纷的荷花风姿绰约,热情绽放。四周浓郁芬芳的清香,随着百褶裙似的涟漪,徐徐飘来,沁人心脾。三三两两的小鱼儿浮上水面,绕着莲花啄着涟漪上的波光在梦呓。近距离欣赏万千荷姿,品味"浮香绕曲岸,圆影覆华池"的荷韵,顿觉神清气爽,浑身舒坦。

按照常规,莲花一般都是七叶一花,但这太空莲却是一叶一花,并具有花多、花期长、莲蓬大、结实率高、颗粒大、品质优等特点,亩产莲蓬可达 6 000 多个。我真为此而欣喜,愿搭乘过神舟飞船的莲籽,带给家乡新的梦想,新的奇迹。此外,这里还有从台湾引进的四季开花,既可观赏又可食用,且具有较高药用价值的香睡莲等品种。莲子全身是宝。莲藕在清朝咸丰年间就被钦定为御膳贡品。莲藕的药用功效也十分可观,相传南宋孝宗曾患痢疾,就是用鲜藕汁以热酒冲服治好的。李时珍在《本草纲目》中称藕为"灵根",味甘,性寒,无毒,视为祛淤生津之佳品。另外,莲芯是白莲中间的绿色胚芽,有祛火清凉解毒、降血压等作用,莲藕可生吃也可熟食,生吃能清热润肺,凉血行淤,熟吃可健脾开胃,有止泻固精之功效。

除了赏荷,这里还是一座集莲子生产加工、良种繁殖、科普教育为一体的科技博览园。游客在这里可以品尝到用莲藕烹饪的各种小吃,像新鲜莲蓬、新鲜莲藕、速冻藕片、荷叶保健茶、藕粉、藕汁和藕带等,都是别的地方少见的美食。

清风吹来荷花香,碧波含情水荡漾。走进崇明荷花博物馆,就走进了浓得化不开的绿意,走进了典雅脱俗的古诗词——步步皆是景,处处可入画,荷博馆实在让人着迷。时下正是盛夏荷花次第绽开的季节,也是荷花博物馆一年中最值得观赏的时候,久居城市纷杂之地的人们,不妨周末来此一爽,以解城中炎热的溽气。

杨浦公园赏牡丹

牡丹花开,四月芳菲;花溪潺潺,如梦如幻。

四月申城,树木葱茏,春和景明,春暖花开。杨浦公园的牡丹园内,牡丹花在春风中竞相开放,在翡翠般嫩绿叶子的衬托下,花瓣如绫,光洁似绸,花团锦簇,宛若云霞;还有赤芍、白芍,弄影炫光……那一簇簇、一丛丛、一片片妖艳欲滴、热情奔放的花,黄得耀眼、紫得氤氲、红得热烈,它们围着一泓碧水的荷花池,组成风格各异的景观园,每一处都美成一幅浑然天成的风景画。

杨浦公园,位于杨浦区的控江路双阳路。公园模拟杭州西湖景观,以水面为重心,用桥、亭、廊、花架等园林建筑与植物组成各个景区。公园内有一座汉白玉雕塑,像体为母羊哺乳幼羔,公羊在旁守护,寓意杨浦(羊哺)之意。

牡丹园位于杨浦公园西南隅。该园系1990年将原金鱼养殖场、翠竹院和池塘以及征用的卢家门部分土地合并改建成为一处曲径通幽的园林,占地面积为1.3万平方米。初名卢园(意寓卢家门),习称"园中园"。1999年11月从山东菏泽引进牡丹4 000株、芍药2 000株植于园内,其中有名贵品种"豆绿""青池""蓝田玉""春红争艳""冠世墨玉"等,为市民提供一处观赏牡丹的场所,园名亦随之改为牡丹园。

走进牡丹园,仿佛来到一片原始森林,头顶,香樟、银杏、枫杨、罗汉松、雪松、山楂、紫薇、含笑等树木参天苍郁,光束透过树叶,洒下斑驳的树影,令人心旷神怡。脚边,覆盆子、鱼腥草、虎耳草、南天竹等俯拾皆是,各色小花点缀其间,一只蝴蝶在周围翩翩起舞,相映成趣。荷花池里,碧水恬静,轻柔清秀,荷叶青翠,生机盎然,不时有小鱼穿梭游弋,或有小鸟掠过水面,妙趣横生,形成了林溪间杂的景观氛围和游憩空间。

牡丹花自古被誉为"国色天香、花中之王",并称它是繁荣昌盛和祥和幸福之花。唐代诗人刘禹锡有诗记之:"唯有牡丹真国色,花开时节动京城。"然而,以往人们要观赏牡丹花,真是不易,只有到洛阳或外地才能见到芳容。如今,上海不少地方都有牡丹"身影",有的还年年举办花展,而生长在杨浦公园里的牡丹花,可谓是品种多、花瓣大、色彩艳,别具一格,吸引众多的游客来此观赏。

牡丹花期是每年4月上旬至5月上旬,喜欢赏花者,或是摄影爱好者,不妨来杨浦公园的牡丹园,欣赏牡丹花的艳丽与美好。

在杨浦公园里,除了观赏牡丹花之外,还有五彩缤纷的紫藤长廊、樱花长廊、玉兰景观步道、杜鹃园、月季园等景观树花,竞相绽放,无比灿烂,徜徉其间,尽情享受花开花落幽草萋萋的美好欢乐时光。同时还可乘上游船在湖中浏览园中绚丽景色,悠悠荡漾在静美的浪漫中……

　　杨浦公园既是一座千姿百态、美不胜收的风光园林,又是一座容纳了花卉欣赏、休闲娱乐的大花园,这里真乃是闹市中一块希望的绿洲,一方生机的热土,一处梦中的桃花源,可以尽情享受其乐融融、放飞心情的休闲情怀。

鲁迅公园枫叶情

提起赏枫,人们自然会想起北京香山,南京栖霞山,苏州天平山和长沙岳麓山的中国四大观赏红叶胜地。其实,上海地区虽没有上属地区的万山红遍,却有不少独有清丽之美的绝佳赏枫地。比如在公园里、行道旁,甚至连住宅小区、别墅都有种植,可谓是随处可见。然而,我独钟情于鲁迅公园的红枫。

我家住鲁迅公园附近,步行20分钟便可到达,这里便成了我经常去往之地。每到秋冬时节,热情的红色都会如期相约,它们以枫叶为主,或前或后,由青春的绿变成朝气的黄再变成耀眼的红,充满生机,分外妖娆。此时,来到公园,那健身步道旁、河岸边,或行道两侧,随处可见一棵棵、一片片红枫如诗如画,唱响了深秋初冬的"醉美"主旋律,也给寒冷的冬日里增添一分温馨。

秋冬公园里的红枫叶,在枝叶繁茂,枝干苍虬的樟树、松树、玉兰树等四季常青的树木映衬下,色彩浓淡有致,深浅不一,有橙色的,有浅紫的,有深紫的,有浅红的,有深红的。还有金黄色和黄绿色相互交织的。叶片形态多样,有三角形,有五角星形,有鸡爪形,层层叠叠,高低错落,红绿辉映,艳丽夺目,醉人的景色犹如画家不小心打翻了调色盘,人们只要拿起手机或相机,随手一按,每一张照片都美得无须修饰。

沿着公园蜿蜒的林间小道,穿行在塑胶铺设的健身步道上,桂花香气浓郁,随风徐徐飘来,令人心旷神怡。两旁那挤挤挨挨、密密匝匝、缤纷灿烂的红枫叶,宛如西天艳丽的晚霞,既壮观又充满了浪漫的诗意。漫步在湖岸边的小径,那一棵棵红枫叶如烟、如云、如梦、如幻,倒映在湖水中,染红一池清水,好像漫步在色彩斑斓的童话世界,分外妖娆。湖面上一艘艘五彩缤纷的游船,伴着音乐,交叉往返,穿梭迂回,欢声笑语,好不惬意。湖的另一头,几只白鹅在湖水中悠闲优游,体态优美,游过之处泛起阵阵涟漪,缓缓地延展至湖的远处。站在桥头,迎面看去,那热情的红枫自然然地立在岸边,与满眼的绿色和蓝色的湖水组成一幅优美的画卷;侧身再看,枫叶轻垂,风来舞动,无风也摇,像一支永远唱不完的歌,一支跌宕有致的歌。

秋冬的鲁迅公园,除了这些层层叠叠的枫树外,还有各种黄叶、绿叶、红叶的观赏草,以及茶花、月季花、银杏树、落羽杉叶和梅花园中的梅花等观赏树在微风中摇曳生姿,格外艳丽,田野之趣与枫树之雅,相互交织的风景和风景中的人,构成了一幅动人的画作。

浪漫开心农场

香朵开心农场,位于被喻为"全国美丽宜居乡村"的上海崇明庙镇合中村,占地面积500亩,是一处以"民舍、溪水、湖心岛、小桥、稻田、植绿、草坪、沙丘和引入长江活水"等设计元素,集餐饮、住宿、观景、娱乐、务农、亲子活动于一体,融40多个活动景点的主题农场。在此还可放风筝、钓鱼,享受清新空气,是一个放松心情,放慢脚步,亲近大自然,静心享受田园生活的好去处。

初夏的一天,来到农场,如洗的碧空下,穿花拂柳,信步前行,水塘边芦苇碧绿生青,郁郁葱葱,透着清香,滋润心田,随风扭动,飘逸多姿,野趣天成。清澈的水中,荷叶碧翠,荷花妖艳,亭亭玉立,小鱼儿游来游去,悠然自得,让人迷醉。眼前一条如带蜿蜒的小河,平静明亮,像仙女服饰上美丽的丝带,绕过土坡、草地、灌木丛,伸展到远方。漫步在长长的河岸木栈行道上,木廊,木桥,凉亭和鹅卵石铺就的曲径,错落有致,古朴典雅,宛如苏杭园林。曲曲折折的木栈道深处,遍植柳、梅、竹、桂、樱、枫、桃、橘、柿、杜鹃、山茶、紫薇、银杏等,园林景观蔚然成趣,暗香浮动花枝俏。置身其间,不时传来阵阵鸟儿的窃窃私语声,它们或在树枝上跳来跳去,或飞落在距人仅几米处的地上不慌不忙地踱步、觅食。竹林旁高大的榆树下,拉起了吊椅,坐在吊椅上,可观多彩的枝叶,可观枝叶间的白云蓝天。倦了,就眯上眼,养一养神,悠悠的,如神仙一般。还有那棚舍里的白山羊欢奔,兔宝宝乐园内的小白兔儿跳跃,引得欢天喜地的孩子们在此尽情玩耍嬉戏,不亦乐乎。不远处,那一片片伴着泥土清丽气息的蔬果园内,四下里望去,一排排吐穗的玉米,一串串刚挂果的葡萄,一棵棵开着小白花的辣椒树和开着紫色花朵的茄树,这绿绿的叶,点点的彩,浪漫芬芳的郊野风光,生态,怡情,吸引着众多游客驻足观赏,不时发出阵阵赞赏和惊叹,纷纷拿出手机,跑来跑去,拍个不停。此情此景,给人带来陶然怡悦的好心情。

据农场主赖总介绍,企业的发展思路和目标远景,创造与活化在地,以艺术人文、健康休闲、生态养生为项目主题,集农事体验、休闲文创、市集活动、科普学堂等功能于一体的农游结合模式和将结构单一的农业生产活动,导向泛休闲农业产业化,打造成旅游、休闲度假、会展、文创设计等在内的乡村风格庄园。

香朵开心农场,是一处感受原生态中放飞心灵和拥抱原生态的心灵栖息之地。"远方一朵朵,朵成了云团,跟着白云来到这儿。"自然田园,民居院落,写意园林,移步换景,浪漫着迷,别有一番感慨,仿若诗意桃源。细细品味,景色醉人,野趣浓郁,养情养心,在这酷暑难耐的夏日,丝丝清凉的微风吹拂着脸庞,真是水悠悠、绿悠悠、情悠悠,唤起人们浮想联翩,无边乡愁。

夕阳西斜,暮色来临,晚风吹拂,惬意无限。一桌农家菜,几杯老白酒,互叙友情,欢声笑语在香朵开心农场静美的月光里久久回荡……

湖光山色映长风

长风公园位于普陀区大渡河路怒江路口,于 1959 年建成开放,总面积 36.6 万平方米,其中水域面积 14.3 万平方米,是国家 4A 级景区,中国百家名园之一,上海市五星级公园,也是上海市中心城区规模较大的综合性山水公园。公园借鉴了北京颐和园的风格,又富江南园林特色,以独具匠心的设计和巧妙合理的布局,构成了韵味独特,民俗风情浓郁,自然生态独具的观光游览,修身养性,休闲娱乐的好去处。

铁臂山是长风公园的标志性景观,高为 30 米,是当年公园建造时的挖湖泥土堆成的山。60 年来,经过多次改造,铁臂山巍然屹立,风姿犹在。山上树木蓊郁,粗壮挺拔,枝繁叶茂,苍翠葱茏,充满生机,一年四季都呈现绿意盎然的景象。置身其间,环境幽雅,风景秀丽,赏心悦目。这里鸟儿翔集,绕树不离,鸣声啁啾,婉转而多韵,尽情地啼啭。这里茂密的绿树和盛开的鲜花相映成趣,空气中弥漫着沁人肺腑的淡淡清香,让人感到透底的清新。

银锄湖是长风公园的一大特色,沿湖边碎石小路漫步,放眼望去,银锄湖似大家闺秀,丰韵端庄,仪态万方。碧波荡漾的湖面上,游船过处,涟漪阵阵,让人不禁想起"让我们荡起双桨"那个年代的青少年时光,尽情享受怡情乐趣。这里的环湖绿地,草茂树荣,鸟飞蝶舞,四周映湖景观,临水依桥而望,景景如画,画画入诗,让人仿佛置身于一座绿色环绕的梦幻花园。

公园内的牡丹园、桂花园、樱花园、杜鹃园、月季园、水杉林以及青枫岛等景观,犹如一条靓丽的彩带,装点着这里的每一个角落。在那荷花盛开的季节,来到这里,荷花池内荷叶翠绿,清雅脱俗。红色、粉色、黄色、橙色、白色、混色的荷花,亭亭玉立,蔚为壮观,将荷花池点缀得色彩斑斓,绚丽多姿。徐徐清风吹来,花叶轻摇,鱼儿在荷下喽喋有声,不时把嘴露出,与人相戏;停在花上的蜻蜓飞了起来,忽上忽下,穿飞在花叶间,一会又悄悄停留在了荷尖上,旁若无人。看着这充满诗情画意的生态景色,能不醉人?

公园内设有"长风海洋世界",坐落在银锄湖西岸,是我国首家主题概念的海洋水族馆。隶属于欧洲第一、全球第二的英国默林娱乐集团,拥有种类繁多的海洋生物,栩栩如生的主题造景,寓教于乐的创意互动,将人与自然完美融合。还有地下少先队群雕和雷锋铜像等纪念性景点,成为传扬革命精神的青少年爱国主义教育基地,也是山水园林的印象窗口和时代名片,令人陶醉与遐想。

夜幕下的长风公园更是美丽多姿,璀璨夺目,分外妖娆。在各色别致的景观灯下,这里湖光山色,火树银花,五彩缤纷,四周乐声悠悠,亭、榭、廊倒映水中,隐隐约约,恍恍惚惚,流光溢彩,美不胜收,犹如置身迷人的浪漫之中。人们在这里散步,游览,放飞心情,处处洋溢出休闲而欢乐的场面。

沐浴在长风公园湖光山色的诗情画境里,我忘却了归路。

乡野风情潘石园

潘石公园位于长兴岛西部地区的潘石村。公园始建于2017年，2019年建成，占地面积130亩。公园核心定位以自然、生态、环保为主，兼容观赏性和休闲性，彰显出艺术性、趣味性和文化教育特征，集休闲娱乐、健身养生、户外郊游于一体的乡村公园。

潘石公园整体布局为春夏秋冬四个主题景观区，分别是"春之韵""夏之力""秋之实""冬之恋"，并以公园的主景观道和潘园河为脉络，与公园入口景观广场，云水谣，维也纳亲水平台，三景广场，儿童娱乐天地，水云间清水平台，红枫林环形跑道，健康天地，休闲凉亭，廊桥，采摘园有机结合。

公园本着自然生态、以人为本、简洁实用的创意理念，以雕塑、景观小品、四季植物和花卉来体现春夏秋冬的主旋律，并以二十四节气的介绍来反映季节的变化，记载民俗时节，指导农事活动。春夏秋冬不仅是代表着一年四季的变化，更象征着人生从出生（春），到成长（夏），到成家立业（秋），最后和另一半相守到老

（冬），这是人一生的历程，也是万物生长的规律。人们从入口沿着主景观道游玩公园各个主题区，不仅欣赏着一年四季风情，还仿佛体会到完美人生感觉，是一场非常有意义的游园体验。

夏日的一天，应《崛起的长兴岛》编委会之邀，来到潘石村。从村部出来，沿着村道一路走来，首先映入眼球的是不远处那块镌刻着"潘石公园"四字的巨大卧石，便来到了公园的正门。走进潘石公园，她像一位朴素的村姑静静伫立在村边，一派天然，富有真趣。这里环境幽雅，整洁有序，视野开阔，自然美景，错落有致。赏绿叶，听鸟语，闻花香，与大自然亲密接触，空气中弥漫着一丝淡淡的清香，让人心神舒畅。漫步园中，植被葱茏，树影婆娑，潘园河穿流其间。色彩艳丽的塑胶健身步道，典雅精美的凉亭、廊棚和一座座风格别致的小桥，景物融合，相得益彰。小桥下，河水缓缓流淌，明净如镜，宛如少女的明眸，脉脉含情。河岸边垂柳依依，轻拂水面。一架高大的水转风车，悠悠地摇转着沧桑岁月，也吟唱着乡村古老的歌谣。放眼望去，河面上水生植物，郁郁葱葱，生机盎然，随风摇曳，如绸带般碧波荡漾，景色迷人，美不胜收。这时，忽见几只水鸟从近岸的河面上飞起，又轻盈地落在稍远的碧波之上，成为一个个黑点，恰似一幅人与自然和谐相处的风情画，赏心悦目，令人陶醉。

潘石公园依托乡野原生态环境，发挥独特的地理优势，将自然景观、人文景观、特色景观融为一体，以使自然景观千姿百态，人文资源古今相辉，与周围村舍阡陌构成一片天然秀美的田园风光。远离城市喧嚣，卸掉来自工作中、生活上的种种压力，置身其间,恍若走进陶渊明笔下"芳草鲜美,落英缤纷""有良田美池桑竹之属"的桃源画境,顿感神清气爽,别有一番看不厌,玩不够的况味,是现实生活中的世外乡野。

东滩湿地候鸟欢

春天,是观鸟的好季节。

三月的一天,游历崇明东滩湿地,适逢阳光明媚,云淡风轻,湛蓝湛蓝的湿地上空,呈现出群鸟云集的美好景象。随着冬去春来,气候回暖,东滩湿地上的雁鸭类候鸟经过一个冬天的休整,又要陆续走上迁徙北飞的旅程。此时此刻的东滩湿地,格外引人入胜,成群的鸟儿时而悠然自得地翩翩起舞,在空中盘旋;时而轻展双翅剪开脆薄的云天,俯冲低飞;有时甚至形成鸟群满天雪花飞舞般的壮观情景,如此优雅飞翔的姿态,让人目不暇接,陶醉其中。

东滩湿地,地广三万公顷,是一个天然自成、生态极佳的宝地,拥有丰富的底栖动物和植被资源,是候鸟迁徙途中的集散地,也是飞禽的越冬地。这里有记录的鸟类达312种,每年迁徙水鸟上百万只。春天给大自然带来魅力,也给东滩湿地增添生机。当我们迎着暖暖的阳光,走在那座蜿蜒曲折的长廊木桥上,周围展现的是气势磅礴、无边无际的芦苇荡。极目四野,水天相接,纵横寥廓,曲折迤逦的河渠,仿若一条条春风舞动的银链;星罗棋布的水泊,恰似银链上镶嵌的颗颗珍珠。得天独厚的自然环境成了鸟儿的天堂和它们栖息的家园。

清晨的湿地,第一个迎来的便是旭日东升。放眼望去,烟波浩渺,大大小小的鸟儿,或悠闲休憩、或草地嬉戏、或梳理羽毛、或安详觅食。洁白的身躯、华丽的羽毛、优雅的动作、婀娜的姿态、矫健的形体,在澄澈天地中无比和谐、静谧而美好。说话间,几只鸟儿亮着歌喉展翅掠出水面,在湿地上空翱翔,剪出道道英姿。身临其境,仿佛心儿随着鸟儿飘舞的翅膀一起荡漾……

午间,暖风吹拂,丽日高悬,和煦的阳光洒向一望无垠的湿地,熠熠闪光。举目远眺,赏心悦目,怡情娱耳,无数水鸟正在掀起热闹的"鸟语大合唱",在阳光下,江水、天光、云影、水鸟,构成了一幅自然天成的绝美生动画卷。面对此景,走出城市水泥森林的我,不禁想起陶渊明《归田园居》中"久在樊笼里,复得返自然"的诗句,油然而生回归大自然的自由和恬适。

傍晚时分,是鸟儿嬉戏觅食的最佳时间。此时,映入眼帘的是又一幅动人的画面:水鸟们在湿地跳起精美绝伦的"水中芭蕾",时而欢跃水中,时而击水腾起,妙趣横生,令人兴趣盎然,流连忘返。

阳春三月正是草长莺飞的季节。绿,就是春天的集结号,就是大地用季节的方式向我们的问候。此时,整个湿地铺满了一层绿毯,万顷芦苇已显露出勃勃生机,那箭一般的芦芽悄悄钻出淤泥,密密麻麻,指向天空,整个湿地呈现一片鹅黄嫩绿,它绿得热烈、绿得纯洁、绿得艳丽、绿得高雅,在旷野中随微风摇曳生辉。置身其间,一股清新空气扑面而来,淡淡的馨香,散发在春天的空气中,深深吸上一口,沁人心脾。

据说常观鸟助养身。观看鸟儿在空中自由轻舞,可以缓解人的心理压力,调节紧张情绪,改善生理和心理状态,是极妙的心灵熏陶。在这宁静优雅、视野开阔的湿地里,一边欣赏怡心养性的自然风光,一边吮吸甜彻肺腑的清新空气,一边聆听欢快活泼的啁啾鸟语和远处传来的大海涛声,人如在轻松惬意的美景中畅游,不知不觉地也使自己入景入画。

崇明东滩湿地的美是生态的美,天然的美,纯粹的美,清澈的美,大气的美,是给人享受的美,是大自然所有的事物都回归了它本原的色彩美。走进春天的东滩湿地,观鸟、赏芦、洗肺、享受负离子,倾听着风声鸟鸣,倾听着大海涛声,倾听大地赐予的这片辽阔的沉静,是既悦耳又养眼的难得享受,让我的心仿佛流连于那天空飞舞的水鸟之中,融化于眼前无与伦比、超凡脱俗的境地,停留于这个生机勃勃的季节里。

西滩芦海

春光明媚,春意荡漾,崇明西滩湿地,一片辽阔空旷,碧绿的芦苇横亘在苍茫的水天之间,一望无垠,绵延无边。走在蜿蜒的木栈桥上,密密匝匝的芦苇如一面碧绿的墙,苇间杂生了些紫色、黄色、粉色的花,一齐倒映在水中,情意绻绻地伴着栈桥,也伴着栈桥上行走的游人。芦荡里,有螃蟹在穿梭,田螺在爬行,还有鱼儿欢快地击打着水花。浸润在这大自然的和谐里,令人神悦心清。

到了夏天,微风吹来,芦荡涌起阵阵"绿浪",送来缕缕清爽。清爽里,水软、芦柔、神秘而又清幽。沐浴在大自然中,心旷神怡,如痴如醉。仰望苍穹,碧蓝碧蓝的天空,渐渐地飘来了几片彩云,那芦苇荡便更青更翠,那绿水也斑斓起来,人也融进了这绚丽的彩灿里,沉浸在了芦海中。

西滩湿地那片芦苇,从秆到叶都是鲜绿的,闪闪发亮,生机盎然,其纤纤身姿、铮铮风骨,恰似待检阅的千军万马,阵容整齐威严。随着沙沙的风响,苇波起伏,浩瀚广袤,野趣横生,穿行其间,有神秘莫测之感。这葱碧如海的芦苇,一任自然、雄浑、大气、肃穆,似乎任何的做作都会玷污它本来的气质。

到了秋天,当阵阵西风吹进芦荡,在刷刷的声响里,苇叶渐渐地蜕去了绿妆,换上了黄裳,微紫浅绛的芦穗在随风起伏中,淡出了雪样的芦花,白白絮絮,团团簇簇,如云在轻轻地浮动,如水在微微地荡漾,更像羽毛一样在空中摇曳飞舞,真可谓有"游芦荡,入仙境"之感。这片温柔之乡也成了鸟儿们恋爱、筑巢、成家、繁衍、安营扎寨的理想之地。此时,它们已完成了哺育的责任,不再忙着飞上飞下,飞出飞进,而是成双、成群地轻快掠过芦荡,叫叫停停,活跃在一侧的树枝上。偶尔,几只水鸟也来助兴,或在水中游荡,玉趾扬清波;或是嘎嘎地叫着,游向了远方。鸟儿们的自在,让人羡慕,在这儿,鸟儿和人们就熟悉了,不再敌视人们,而是和睦相处,共同呼吸着温馨、缥缈、无忧天堂般的气息。白云飘在天际,大雁列着长队,缓缓地飞着鸣着,自西北而来。芦花婆娑起舞,欢迎着大雁的降临。谁说"雁去无留意"?这一片片芦花,让一行行大雁翩翩而下,在那里歇脚觅食,看似萧瑟的秋意,呈现着无限画境和诗情,悦人耳目,讨人喜爱。

熬过了寒冬,及至来年的三月,湿地的世界复又活跃起来,仿佛一夜之间,芦桩的夹缝里绽出密密麻麻的芦芽,嫩嫩的新绿撩人心魄。顷刻间,是新一轮的一片葱茏,一片生机。

崇明西滩湿地的芦海,一路奇异风景,一路心旷神怡,恰似一幅壮阔的画,一首美丽的诗。此时,站在江边,夕阳照在江面上,碧绿的江水,闪烁着碎金子似的光彩,恍若一幅巨大的风光画,让人流连忘返,心醉神迷。

漫步徐汇滨江园

初秋的一天,兴致勃勃地来到徐汇滨江,刚踏进这片土地,映入眼帘的是江边水上木栈道。那是一条伸向黄浦江心的岔形码头,它是由华东民航油料库、上海电力燃料公司、金山石化中转站,经过改扩建修成的亲水平台。行走在杂木铺就的赭色栈道,只见蓝色的天空、灿烂的阳光、清澈的江水,与精美靓丽的亭台和宽畅整洁的道路,交织成一幅壮美的画卷。

当步行至滨江绿地中北段顺着台阶而下便是"下沉式花园",这里疏朗开阔,简洁明快,玉兰、香樟、银杏、桃树、梨树、樱花、桂花、含笑等树木,枝繁叶茂,郁郁葱葱,绿荫如盖,鸟语花香,生机盎然。尤其是那数万平方米蓝紫色的二月兰,在路两旁、森林中、溪水边迎风摇曳,犹如一条流动的蓝色飘带。漫步其间,阵阵凉风从江面上吹来,枝舞叶动,精神抖擞,别有情趣,有平步青云之感,令人心旷神怡,流连忘返。

站在绿地主建筑的下层步道上,放眼眺望,东方明珠塔、金茂大厦、环球金融中心、上海中心等高耸林立的楼宇群与卢浦大桥遥相呼应,颇为壮观,尽收眼底。碧空下,黄浦江面上,船只穿梭,不时有鸥鸟飞过,三三两两,有时三五成群,它们时而在水中悠闲嬉戏,时而翩翩起舞,在江面上自由飞翔,恰似一幅天然山水画卷铺展延伸到视野尽头,我为这般诗意的建筑和美轮美奂的景物而欣慰。

一路沿江而行,移步换景目不暇接。由原上港六区北票码头煤炭传输带改建装修而成的420米长"廊桥",是滨江最壮观景点。这里旧时为著名的工业集聚地,改造后的滨江将一些著名的工业历史遗留保存下来,如南浦火车花园的老式蒸汽火车、水泥厂预均库、北票码头塔吊等。港区拆迁后留下两台经过翻修的码头塔吊,巍然耸立于"廊桥"南北两头,仿佛是历史见证人,诉说这里的前世今生。

闲庭信步,游走飘逸,顺道继续前行,便是龙腾大道北段尽头"风力发电区"。它和延伸的枫林路、新建的瑞宁路形成交汇。在20世纪三四十年代,这个地块是上海老城厢的东、西、中"三家里"农田,通往上海老城厢的客运铁路从这里穿越而过。后来的船厂路及铁路两旁,渐渐地成为厂地、堆场、仓库、港区和居民棚户区等其他建筑物拥挤地,被当地群众称为"烂泥湾"。如今,棚户区已消失,厂地、仓库成为历史,这里已是集人文历史和时尚底蕴于一身的黄浦江壮丽景色的滨水景观大道,并预留有轨电车轨道,设计休闲自行车道、休闲步道及亲水平台等多重休闲空间,让市民能够在闲暇之余与黄浦江零距离接触,呼吸新鲜的城市气息。

　　边走边听陪同我们参观的滨江管委会的人介绍,抗战期间,上海沦陷,这里曾是日本侵略军关押中国战俘俘虏营所在地。滨江绿地动迁时,俘虏营颓垣断壁遗迹尚存。这是日本侵略者肆无忌惮虐杀中国战俘和老百姓的铁证。

　　徐汇滨江,这条有着8.4公里长的浦西岸线,与世博园区隔江相望,这里深藏着上海百年历史长河中的一处处景物,俯拾春秋,阅尽沧桑,皆具天地间的自然天成之美。身临其境,不仅放松了身心,更是享受了富有活力的秀丽风景。倘若一名画家或摄影师想要画出或拍摄出一幅绝美的佳作,首先应取决于好的景物,那么,徐汇滨江不失为一处绝好的取景之处。

　　展望未来,徐汇滨江,不仅是上海人民的骄傲,更是镶嵌在黄浦江畔一道别样的江滩风情。在新一轮发展中,有关方面将以它独特的魅力,延承历史经典,保留"老上海元素",并以现代城市水岸景观营造为核心,将黄浦江的辉煌历史与徐汇区的璀璨未来完美融合,引领上海这座国际大都市的人文时尚潮流。

　　当参观完滨江踏上归途时,已是夕阳西下。坐在车上回头望去,只见茫茫天际放射出道道红彤彤的霞光,此时,黄浦江面上闪耀着金色的粼光,徐汇滨江涂上了一层橘红色,绿地变成了金黄色的绸带,呈现出神秘蒙眬,临空缥缈,异彩纷呈的美感。这壮观的景象,给人以梦幻之感!

朝霞映红瀛东村

深秋的清晨,朝霞从东海边冉冉升起,映红了崇明岛上最东端的瀛东村。此时,波光粼粼的江面上,水是红的,树是红的,田野是红的,农舍也是红的,红色染遍了这里的一切……

瀛东村,原是在滩涂上围垦起来的小渔村,1989年正式建制,占地面积约2 500亩,可算得是岛上最年轻的村落。它东临波澜壮阔的东海,南倚日夜奔流的长江,北接东滩湿地鸟类自然保护区,距上海长江大桥仅6公里,是长江巨龙口中一颗熠熠生辉的明珠。勤劳智慧的瀛东村人浇筑了伟大的灵魂,创造了一段段传奇,使瀛东村这片备受自然恩赐和厚爱的沃土愈加美丽富饶,祥云盛开。

这里水秀天清,秋阳普照,秋光灿烂,秋风习习,秋色宜人。徜徉在村内,花繁树茂,农舍别致,湖水清澈,鱼跃鸟翔,野趣浓郁,环境优美。清晨,我沿着堤岸,翘首东望,只见晨光熹微,万籁俱寂,天幕上飘着的几朵淡云,染上了苍茫的色调。这里的一切,都浸透着新鲜：空气是湿润的，清风是飒爽的，人们是质朴的，感情是真挚的……

在这大地沉睡后刚苏醒的时刻，观赏东海日出，那是最佳的地理位置，可算是上苍赐予瀛东村人得天独厚的自然资源。静坐一隅，极目远眺，蒙胧中的东方露出鱼肚白，泛着微弱的亮光，淡云散尽，云天拉开帷幕，群星隐退，仅剩几颗晨星，在爽朗的苍穹中闪淡而去。

再神情专注这东方之天穹，那晨曦拉开了天幕的一角，朝霞正洒满了滩涂，蜿蜒的海岸，像一条彩带萦绕着，泛着精亮的波纹；更像一块块丰收的梯田，等待开镰收割的滚滚麦浪。四周晨雾渺渺，广袤的海滩宛若情窦初开的少女，把平坦、光滑、湿润、柔软的前胸袒露出来，让人们面对无瑕的玉壁，尽情地涂抹幸福和爱情；让人们站在处女地上，收获神圣和纯洁。

霞光渐渐升起，整个江面染成了粉红色。广阔无垠的天空、气势磅礴的江海，霞光、蓝海合成一线，朝霞绚烂，彩云缤纷，分不清界限，看不清轮廓，只感到一种柔和明快的美。四周静极了，一切仿佛凝固了，连鸟儿、飞虫也屏住了呼吸，为眼前这柔美的霞光所吸引并迷恋。

东方开始发亮，一片片悠游的云朵继续变幻着各自的姿态，阳光在背后迸射出各种绚丽的光彩，云儿也被涂上了鲜艳的颜色。远处的海平面上开始呈现出各种各样的蓝色，有深蓝、海蓝、灰蓝，深浅不一，这碧空、白云、近滩水面，色块之多，让人惊叹。紧接着，云彩从粉红色变幻成玫瑰红，渐成橘红色，旋即又变成鲜红色,最后成为绚烂夺目的金色。顿时,眼前一亮,朝霞撒播水波,像巨大的孔雀开屏,这尾羽在水面上闪动,掀起千波万浪,宛如一座海市蜃楼,缥缈水灵,令人如痴如醉,恍若梦中。

晨雾逐渐散开,太阳一半淹没于波涛滚滚的江水中,一半洒浮于五彩缤纷的云带上,红透了半江水面。勃勃生机的一轮红日冉冉升起,神秘的面纱缓缓被褪去,金黄色的滩涂渐渐地展现在人们的面前,似有一种超凡脱俗的美。

凝望这喷薄而出的红日,人们仿佛被巨大的力量托起、升腾、浮动。初升的太阳是那么地圆,那么地红,那么地大,仿佛从水中鱼跃而出。瞬间,红日从半圆变成了重叠的两个猩红的圆火球,散发出万丈的辉煌,把天际燃红,在辽阔无垠的天空和茫茫无际的水面上霞光四射,祥云满天,与水上粼粼金波,点点帆影相映生辉,静止的画面里有了动感,晨光霞色,渐次弥漫,金色的滩涂,摇曳的芦苇,翻涌的江涛,飞翔的鸥鹭,一艘艘来来往往的船只……诸般胜景,勾勒出一种梦幻般的仙境。

天亮了,江变宽了,地变阔了,树木醒了,花朵开了,鸟儿叫了,世界充满了新生的活力。远处,海水与江水交界,海水蓝、江水黄,形成水系分涛的壮观。滩涂上捕鱼的人,撑开渔网,弯腰、抖动、提起,忙碌的情景在一片光影里移动;远处传来隐约悠悠的渔歌声,隆隆的机鸣声,鸟儿的欢叫声,哗哗的浪涛声,卷着芦苇的"沙沙"声,和着人们的欢笑声,交织成优美、动听、雄健的旋律,构成一幅自然天成的画卷,这一切宛如浪漫情怀拥抱的世外桃源。

优美的地理环境,优良的自然资源,给瀛东生态村带来了优越繁荣的基因。1985年,现在瀛东村的地方还是一片荒滩,潮来一片白茫茫,潮退遍地芦苇荡。开拓者长年辛劳,人均年收入不足200元。面对贫穷落后,带头人陆文忠带领村民屯垦拓荒,靠着一根扁担,一把铁锹,一缸咸菜,来到东海边,他们割芦苇,搭洞舍,堆泥灶,甩膀子,围海造田。300多个日日夜夜的奋战,一条长达1 700米的大堤终于筑成,600亩荒滩围垦成良田。1987年,他们第二次向荒滩进军,获得了2 000亩土地。到1989年,岛上这片荒滩终于诞生了一个以"瀛东"命名的村庄。以后他们又数次向荒滩进军,围垦滩涂土地4 000亩。经30年的艰苦创业,使茫茫荒滩上崛起的一个海边小村,一跃而成为绿荫环绕,鱼塘密布,环境优美,民风淳朴,村民生活富裕的现代化江边乡村。

改革开放后,瀛东村因地制宜,在发展集体经济思想的指导下,以"水"为乐,以"渔"为趣,打造成为集观光旅游、体验渔家生活乐趣、品味美味佳肴为一体的度假乡村。如今规划齐整的别墅,与鱼塘碧波和绿树鲜花相辉映,洁净的水土空气,丰富有趣的垂钓捕蟹等活动,使来往游客能住得安心、吃得放心、玩得开心。

"朝上海堤观日出,夕下芦荡捉螃蜞。"难能可贵的是,在瀛东村陈列馆,如今还保存着20世纪五六十年代淳朴原味的农舍,当年的生产生活用具,如石臼、布机、脚踏水车、牛车等依然在目……羊群在土坡上悠闲自在地吃草,候鸟在海边嬉戏起伏,人们在这里能感受到大自然的动态山水美。

如今,瀛东村已建设成了"全国农业旅游示范点""全国美丽宜居村庄""中国特色农庄""全国创建精神文明村镇先进单位""全国文明村",成为上海市政府设立的"爱国主义教育基地"和"青少年科普教育基地",它以诱人的原生态的景观成为人们养心、修身、休闲的乐园。

惊人的毅力,培植了不屈的瀛东精神。瀛东村,这块远离喧嚣都市的沃土,在世人面前展示出一幅迷人的画卷和一道独特的风景。

朝霞映红了瀛东村,村民干红了瀛东村,瀛东村真红啊!

秋阳下上海之巅

秋日的一天,风和日丽、阳光灿烂、凉爽舒适。我们一行来到位于浦东陆家嘴的世界第二、中国第一高楼——上海中心大厦参观。

车至延安东路隧道浦东出口处,上海中心大厦豁然矗立眼前,在秋阳的照射下,大厦似一柄青铜剑直刺苍穹,像一条巨龙跃向云霄,像一座高峰壁立千仞,蔚为壮观。进入大厦参观区,搭乘每秒18米这世界上速度最快的电梯,仅用近30秒,就从地面直奔到了118层552米的高空观景台。这一层的厅室外是环形观景区,可从"云端"以360度的不同角度俯瞰,上海市区全景尽收眼底,风景随着脚下的步子一起变换。坐落在大厦周围的东方明珠塔、金茂大厦、环球金融中心,玻璃幕墙反射着刺眼的阳光,闪出夺目的靓,这一座座曾经创造上海最高高度的标志性建筑和四周飘浮缭绕的几片悠然云雾交相辉映,画面美如天宫仙境,真可谓"一览众山小"。

凭栏远眺,浦江两岸错落有致的高楼大厦像五线谱上那些跳动的音符,正在演奏一曲激昂的交响乐。陆家嘴滨江绿地,鲜花、灌木镶嵌在翠绿的草丛中,犹如一条彩带飘落在黄浦江东岸。薄雾轻荡、光影交织下的高楼间奔流的黄浦江,游轮客轮穿流其间,永不停歇的律动,似一首劲歌振荡着你的心胸。细浪拍击两岸溅成簇簇水花,洒落的阳光星星点点,像多情少女向远道客人捧献鲜花,情深意切。

环顾四周,心旷神怡。清晰可见黄浦江雄壮,苏州河婀娜,架在黄浦江上的南浦、杨浦、卢浦大桥如一弯弯新月升起凌空划过。浦江两岸,一边是浦西近代的万国建筑博览会,一边是浦东的现代建筑,遥望相对,交相辉映,相得益彰。一条条高架道路如一条条蛟龙伸向远方,一条条河流密布如网,会聚苏州河和黄浦江,相扶相搀,在秋色的簇拥下,温暖而生动。一幢幢高楼,雄伟矗立,绿树掩映下的住宅楼、商务楼,飘着劲儿比身高,换着色彩比时尚,在阳光的照射下银光闪闪,显得格外靓丽,无不见证着上海发展的亮度、高度和速度,令心灵震撼。

上海中心大厦,总建筑面积57.6万平方米,高632米,拥有9个垂直社区,21个空中大堂。大厦集办公、娱乐、餐饮、观光、会务等功能于一体,可供数万人在此工作和生活。它的外形似一个吉他拨片,随着高度的升高,每层扭曲近1度,这种设计能延缓风速,提高对台风等自然灾害的抵抗能力。它还采用了风力发电、雨水回收、地热泵等各项节能环保技术,被誉为绿色环保建筑的典范。

上海中心大厦,是中华民族的骄傲,也是上海人民的荣耀。站在洒满秋阳的上海中心大厦552米观景台,放眼望去,任何角度都是美轮美奂、精彩纷呈的美景,让人感慨,放飞思绪,随秋色和美景升腾、弥散……

情有独钟北外滩

自从1993年从部队转业回上海工作后,经历过三次住房搬迁和置换,最后搬到了北外滩地区。新搬的小区坐落在离公平路码头不远处。我对此地区兴趣盎然,绝不仅因为地段或有别的原因,主要缘于我对这里有着情有独钟的情结。

当年,我在海军北海舰队旅顺部队服役,每次回崇明老家探亲,都是从大连坐船至上海公平路码头。在部队服役23年间,有无数次往返途经时,都在这里停留,有几次从老家坐船到了市区买不到当天去大连的船票,或是从大连到上海后,赶不上回崇明的客轮,就在公平路码头附近找旅馆住,因而对这里的一街一巷、一店一铺历历在目,记忆犹新。

在我的印象里,当时的北外滩一带,几乎没有高楼大厦,大都是仓库、堆场,以及低矮的旧式里弄和沿街的两层店铺,这些小楼底层为商店,上层为住房,很少有两层以上的高楼房。沿街店铺密集,商品琳琅满目,尤其是公平路自唐山路通往码头的一条街,窄窄的路面坑坑洼洼,颇显沧桑。沿街小楼外饰暗淡单一,灰头土脸,大街小巷商店相连紧挨,甚为繁荣兴旺。这里的餐饮店、食品店、服装店、百货商店及杂货店摊等,鳞次栉比,生意兴隆,彻夜灯火通明,不绝的欢声笑语,人群中夹杂着来来往往挑着担子做生意的小商贩,叫卖声此起彼伏,满街满巷人声鼎沸,川流不息。还有那前来乘船的人们大包小包,肩扛手提,人来人往,旅客云集,摩肩接踵,热闹非凡,把那条窄窄的马路挤得严严实实。附近的码头上,还有货轮在装卸货物,车来车往,一派忙碌景象。那时候,行走在马路上,雨天污水四溅,晴天灰尘飞扬。远望对岸的浦东,平平坦坦,一片低矮的棚户,阡陌纵横,似如乡村一般。

  那时候的公平路客运站承担着海上客货运的重任,这里的客运船队十分壮观。自当年上海往返大连的"民主""工农兵"号客轮开始,逐渐发展到"长征、长锦、长绣、长河、长山"轮等一批规模可观、设施现代的船队,航班从原来的两天(每逢双日)一个航班到每天一个航班;航行时间也从原来的单次航行需要48小时,缩短到36小时,但也满足不了客运的需求。尤其是每年春运,南来北往的乘客如潮涌,总是一票难求,当时人们为能买到一张船票,竟然不顾寒冷,聚集在售票大厅前彻夜排队。公平路码头上的售票处和候船大厅内日夜都是人山人海,拥挤不堪。其次,整个春运期间,"黄牛"倒票屡禁不止,客运部门简直是过"难关"难于上青天。

  中华人民共和国成立70年来,特别是改革开放以来,浦江两岸迎来了脱胎换骨的变化。尤其是随着现代交通日益发达,在高铁、动车、飞机、高速公路四通八达的今天,海上客运相对落伍了,公平路码头完成了它的历史使命,退出了历史舞台。近年来,北外滩以现代城市水岸景观营造为核心,将黄浦江的辉煌历史与虹口的璀璨未来完美融合,引领上海这座国际大都市的人文时尚潮流。如今的公平路码头已成为北外滩滨江绿地的一部分,这里环境整洁,绿意盎然,繁花争艳,鸟语花香,空气清新,成为具有园艺、生态、文化、休闲等功能的一方宝地。这里与浦东陆家嘴金融圈隔江相望,遥相呼应,东方明珠、国际会议中心、环球中心、金茂大厦、上海中心等标志性建筑就在眼前,优美的景致引人入胜。这里北起秦皇岛路,南至外白渡桥,有着6.3公里长的步道和13.7万平方米风景如画的滨江绿地公园,游艇码头、国际客运中心、白玉兰广场等造型别致的商务办公楼和居民住宅楼融于一体,令人目不暇接。这里更是以独具匠心的设计和巧妙合理的布局,形成了以生态绿林、林下休闲、健身游憩、色彩花带为特色,人与自然互动感受,使行人在健身、观景的同时,穿行于绿荫之中,漫步于花丛之间。这里有环境幽静的临江健身跑道,形态各异的观江平台、亲水木栈步道和人行景观桥,从而形成了生态环境独特、航运文化浓郁、文创产业独具和充满诗情画意的旅游休闲活力城区。

虹口滨江的码头有着丰富的历史底蕴,对中国历史文化产生了深远影响,彪炳史册。这里的宝顺码头是当年上海第一个轮船码头,并且有很多国际"大咖"就是从虹口滨江码头上岸看到了上海"第一眼",泰戈尔、爱因斯坦、卓别林等都是从这里的码头上岸来华访问、讲学。1919年3月,青年毛泽东也是从虹口的码头送蔡和森等人赴法勤工俭学,留下了伟人的足迹。为此,这里还专门设置了文化长廊玻璃墙,用图片和二维码展示"码头衍变""西学东渐""名人踪迹"等故事,展示上海海纳百川、大气谦和的城市精神和对海派文化的传承与发展。市民、游客在这里领略浦江两岸风景的同时,也能在浦江沿岸历史变迁中增添文化魅力的熏陶。

北外滩与我居住的小区很近,这里也成了我早晚休闲、散步、赏景常去的地方。清晨,穿过新建路娇艳妩媚的樱花大道,便来到滨江绿地,在色彩艳丽的塑胶健身步道上闲庭信步,轻松舒适,清新怡人。这里的景物在阳光照射下各显神韵。朝阳映照在波光粼粼的黄浦江面上,映照在宁静、祥和的彩色步道上,映照在人们充满喜悦的笑脸上,看着清澈的江面上来来往往的船只和一群群在船尾追逐的江鸥,看着浦江两岸高耸挺拔、巍峨典雅的精美建筑和瑰美壮丽的风光,看着层层叠叠倒映在江水中的美景,仿佛走进一幅徐徐展开的水彩画卷,让人着迷。江岸绿树丛中,遍植名花异草,四季芬芳,微风吹过,风姿摇曳。林间塑胶步道,蜿蜒环绕,随坡势起伏而起伏,好似波浪翻滚,绵流不绝。悠游其间,和风送爽,空气中散发出阵阵扑鼻清香,天然氧吧让人不禁畅怀深吸,即感心旷神怡,真乃胜境也。面对此情此景,人们无不为新时代创新发展的新理念给城市建设和百姓生活带来的巨大变化而感到骄傲和自豪。

如果说,在北外滩白天看风景,那么,到了夜晚就是既赏风景又赏风情的时刻。每当傍晚时分,太阳缓慢地向西飘然而下,天空飘浮着余晖的晚霞,浦江两岸的景物染成了霞红一片,美轮美奂。置身其间,仿佛置身于一幅大自然精心绘就的绝美图画中。夜幕降临,华灯竞放,站在黄浦江边,眺望北外滩,滨江花园美丽多姿,翠绿的草坪、清澈的浦江水、穿梭的游船、高耸的建筑,与浦江两岸那耀眼迷离的霓虹灯、旋转灯等四处流淌的各色景观灯相映成趣,宛如一块巨大的美玉镶嵌在上海这片寸金寸土的都市宝地,成为城区一道靓丽的风景。每当此时,夜色阑珊,流光溢彩映衬着大都市的喧嚣和奢华。滨江大道上、亲水平台上,以及亲水道路上,游人如织,笑声朗朗,他们踏着轻松欢快的脚步,有手挽手的情侣,有携带儿女的夫妻,有往来奔跑的孩童,享受着无比甜蜜的生活。其间,还有不少洋人徜徉其间,其乐融融,给滨江大道增添了魅力和浪漫的风情。

北外滩滨江绿地的建成,不仅给人们经济、文化、生活带来便利,更重要的是直接展示了新中国成立以来的一部宏大的社会变迁史,它全面记录了在这里所发生的日新月异的变化,最关键的是人们生活、追求、情趣和理念的深刻变化。同时,北外滩滨江绿地的建成,铭刻着上海城市经济社会的变迁和时代发展的轨迹,更是见证了国家繁荣富强的历史变迁。

漫步北外滩,浦江两岸美景尽收眼底,水清岸绿,鸥鸟翻飞,婉转啼鸣,曲径通幽,环境生态,植被丰厚,随风摇曳,野趣天成,空气清新,景色秀美。整个滨江绿地,名优苗木,郁郁葱葱,遮挡了夏日的骄阳,冬日的风雪;送来了春日的温暖,秋日的清爽。四季花树,泼红嵌绿,争奇斗艳,春夏秋冬,满园浮动着沁人心脾的淡雅芳香,构成一幅人与自然和谐相处、生生不息的美轮美奂生态画卷。置身其间,一种愉悦心境和悠然自得的情怀油然而生,世事沧桑,恍然若梦,抚今追昔,不由感慨万千,仿佛在眼前又浮现出 26 年前在公平路码头坐船时的那些人,那些事,那些不了情……

北外滩滨江,目前正在向人文、生态、智慧滨江转变,既展现"都市森林,炫彩滨江"的好生态,又不断提升区域经济和产业布局,已集聚了 4 000 多家航运企业、1 000 多家金融企业。2.5 公里岸线秉承"开放、美丽、人文、绿色、活力、舒适"的历史长廊理念,正欣欣向荣着,日新月异着,美丽动人着。

北外滩,我为之骄傲,我为之自豪,我为之着迷,更是让我情有独钟。

杨浦滨江的魅力

　　春末初夏的一天,来到杨浦滨江景观道,映入眼帘的是风景秀丽、环境幽雅、粗壮茂密的景观树与精美的古典建筑、气派的色调、精致装饰的杨树浦水厂等百年老工业建筑旧址,以及气势恢宏的杨浦大桥、高高耸立的杨树浦发电厂烟囱和近年来兴建的渔人码头等时尚新颖的高层建筑,交相辉映,让人目不暇接。

　　漫步在滨江木板条铺就的亲水平台上,环顾四周,水清岸洁,平台上满目都是那连片的草甸、芦苇和一丛丛、一簇簇、不规则种植的粉黛乱子草等应季花草植物,郁郁葱葱,景致盎然,色叶缤纷,迎风舞蹈,婀娜多姿,一眼望去如云霞一般,将自然调和成一幅色彩斑斓的油画,在滨江边互为呼应,徐徐展开,恬静野趣之美令人心醉。

　　江面上船只悠悠,宛如画里穿行,一派繁忙景象,一群鸥鸟相随嬉戏,它们倏地振翅冲天,优雅的身影印在蔚蓝的天幕上,一阵阵清脆的啼鸣声好像洒落在江水中,溅起一串串耀眼的水花,组成一幅动态的优美画卷,置身其间,仿佛整个身心都融入这美景之中。

杨浦滨江岸线南起秦皇岛码头,北至杨树浦发电厂旁的"上海国际时尚中心"(原上海国棉十七厂旧址),全线总长约 5.5 公里,自 2017 年起,经过近三年时间的精心设计和改造,于 2019 年 9 月全线贯通,为居民和游客创造了宜人的休闲娱乐健身环境。2019 年 11 月 2 日,习近平总书记在上海考察时来到杨浦滨江,对这里科学改造滨江空间、打造群众公共休闲场所的做法给予充分肯定和高度赞扬。

遥望当年,杨浦滨江曾是中国著名的"老工业基地",近现代工业的重要发祥地,在这里,诞生了中国第一家自来水厂,第一家发电厂,第一家纺织厂,第一家煤气厂,等等,其规模在当时均号称远东第一。20 世纪八九十年代,伴随城市转型发展,产业结构调整,滨江不少老厂纷纷关停或迁移。如今的杨浦滨江从昔日的"工业锈带"变成了"生活秀带",这里的自来水厂等百年工业遗存与滨江景观浑然一体,成为一处集休闲、健身、娱乐亲水空间于一体,延续城市历史文脉,保留城市历史文化,让人们记住历史、记住乡愁,感受传统文化魅力的公共活动场所。杨浦滨江被联合国教科文组织专家称为"世界仅存的最大滨江工业带"。

在杨浦滨江靠近杨树浦水厂旧址一侧的东方渔人码头广场上,游人如织,热闹非凡。这里还设置了网球篮球综合场、影剧院、旱冰场、小型滑板场、儿童游乐园等娱乐场所和开放式党群服务平台等设施,为老厂房注入新的活力,重新焕发出古朴而鲜活的光彩。

　　傍晚,夕阳在黄浦江面洒下金色余晖,江水如丝带飘逸,波光潋滟,蜿蜒的江流像极了一条腾跃的龙,让人怡情悦目。晚饭后,附近的居民们三三两两结伴而来滨江大道,惬意地散步,流连于江畔的闲适恬静,舒缓放松,愉悦心情,带走一天的疲惫与烦恼,沁人心脾。

　　华灯初上,徜徉在滨江畔放眼眺望,对岸是一幢幢明亮挺拔的高楼,流光溢彩,与沿江连绵不绝的一座座老工业建筑和一段段独特景观层层叠叠,错落有致,相映成趣,绚丽多彩,给醉美的杨浦滨江舒展出一派古朴的历史风韵,增添了几分温馨浪漫与诗意……

色彩斑斓四平路

漫步在虹口区的四平路上,金色的阳光穿过银杏树和红枫树荫,浸润着淡淡叶香的清风掠过耳旁,宛如一幅色彩斑斓的水粉画;置身其间,让人身心放松,心情愉悦。

四平路从虹口港的溧阳路至五角场,全长约10公里,道路两旁的主干道上以银杏树和红枫树为主要景观树,其中从大连路至五角场段,更是一银杏一红枫均匀地排列着,两侧的绿化带还间植着玉兰、樱花、桂花、茶花、石榴、红叶石楠、栾树、香樟等常绿和开花的树种,使之组合成为绿意盎然、异彩纷呈的景观大道。

春天是银杏树新叶萌发的时节。此时的银杏树,经历了一个冬天的严寒,在春雨阳光的滋润下褪去了旧装,一身新绿。一簇簇、一丛丛嫩绿的叶芽争先恐后地攀上枝头。在春风的吹拂下,生出万千姿态:碧绿生青,脆嫩欲滴,亭亭玉立,婀娜含蓄,真让人陶醉。

到了夏天,银杏树粗大的树干,茂密的枝叶,稠密的绿荫,将道路两旁遮盖得严严实实。行走在人行道上,草茂树荣,鸟欢蝉鸣,仿佛穿行在浓荫蔽日的绿色隧道中,感受到清宁,愉情而悦性,惬意极了,夏日浮躁的心变得淡泊和宁静了。

秋天的四平路是一年中最美的季节,那通体金色的银杏树叶和火红的枫树叶、红叶石楠、栾树等,以及香樟树、桂花树等常绿树,组成了一幅绝美的油画。远远望去,红叶如霞,黄叶明透,绿叶碧翠,形成了泼红嵌黄片绿和桂花飘香的独特意境,在阳光的照射下,宛如两条巨大的彩色绸带飘浮在马路的两侧,气势磅礴,爽目壮观。

转眼到了冬季,银杏树叶的颜色由翠绿短暂地转为黄色后便很快飘落,并凋零得无影无踪,斑驳成满地金黄。树枝上只剩下银杏果,在阳光下金光闪闪,弯弯曲曲的树枝伸展着,如一条条强壮的臂膀,威风凛凛。此时的枫树、红叶石楠和栾树却完全不一样,火红的树叶层层叠叠,密密匝匝,从十一月初,一直到来年三四月才渐渐地由红转绿,并长出新叶,其间不断地变换着颜色。然而,此时的玉兰、樱花、茶花、石榴等花树已在枝头绽放出艳丽夺目的鲜花,掀起层层花浪,使道路依然优美和迷人。

四平路上,一年四季花香鸟语,色彩斑斓的景观树列队在道路两旁,那些大树和花草,它们随季节的变换,向人们展示着不同的色彩,美化着环境,舒朗着视觉,净化着人们的心灵。

四平路可谓是一条休闲观光之道,一条修身养性之道。

恬静自然怡沁园

怡沁园度假村位于崇明世界级生态岛的中北部，地处东平国家森林公园的南侧，毗邻"根宝足球基地"，占地面积33.3公顷。夏日的一天，我来到怡沁园度假村，尽管园区外的气温已高升至34℃，但人在园内却仍然感到凉爽怡人。

放眼望去，这里满目苍翠，花开鲜艳，草坪翠绿，湖水澄碧，鸟语花香，野趣浓郁。一排排参天大树，一丛丛茂密的灌木，优雅地耸立着，姿态各异，怡然大方；万绿丛中，石榴、玫瑰、玉兰盛开，艳丽夺目，点缀其间，融汇一体，恰似园中的主人在伸出长臂欢迎着远来的朋友。置身于如诗如画般的意境中，漫步在绿荫碧水之间，湖水滢滢，宛如一颗巨大的蓝钻镶嵌在千姿百态的图画中。人行其中，犹如人在画中。

怡沁园度假村环境幽雅、风景秀丽，是一个集住宿、餐饮、会议、休闲娱乐于一体的高规格商务休闲型观光、度假胜地。

广袤的林海是度假村内不同寻常的绿色资源。园内坐拥17万平方米的生态森林景观，近6万平方米的明澈水域，蓝天白云拥抱着这片绿水环绕的净土,令人远离喧嚣、静聆心灵,尽情享受这恬静怡人、沁人心脾的绿色风情。怡沁园,翠绿盎然,步步皆景,缔造出无与伦比的度假天堂,仿佛进入滤镜般的清新宁静,深受海内外游客的青睐。

清晨,薄雾朦胧的怡沁园,仿佛披上了艳丽的薄纱,轻荡缥缈,光影交融。紧接着,苍色渐渐明亮,丝丝红云变浓,天空飘浮出晨晖的朝霞,映红了这里的一切,树是红的,水是红的,房是红的,园区变成了霞红一片,宛如一幅浓墨重彩的瑰丽画卷。漫步通幽曲径,花香四溢,林间小鸟窃窃私语,不由得让人心生醉意。来到湖畔,举目望去,园内亭阁楼湖,掩映于绿树丛中,和风送爽,心旷神怡。登上亲水平台木质栈桥,水波轻拍,微风吹拂,芦苇丛中鱼儿游弋,湖荡里荷叶田田,叶面如伞,湖面上三三两两飞鸟或展翅翱翔,或扑向湖面,或高声尖叫,或静静戏飞,好不自在;湖水中一群野鸭休闲游荡,忽而潜水,忽而跃起,姿态优美,憨态可掬。湖岸边,一幢幢森林小木屋古朴自然,森林茶吧情趣优雅,环境怡人的景观垂钓平台上,几位垂钓高手正持鱼竿,悠闲地坐在水边,感受着轻松、洒脱、静心、养生的都市"慢"节奏生活……

夜幕下,灯光亮,繁星闪,皓月明,气温宜人,缤纷的霓虹闪满园区,农家土菜弥漫飘香,静静的湖面在夜色中荡漾,璀璨的灯光倒映水中,更显流光溢彩,湖中迷人的旋转喷泉在灯光下闪发出道道金光,清新的湖风中吹飘来悠扬的乐曲声,身临其境,似有夜市的风情,又有繁华的情趣。怡沁园,似梦一般的江南水乡,画一般的自然美景,诗一般的迷人风情。

古朴瀛杏湾

瀛杏湾农庄，位于崇明堡镇四滧村北侧，紧挨上海市市级保护文物，迄今已有500年历史的那棵古银杏树西侧，占地面积140亩，是一处江南水乡风情浓郁，富有乡村田园特色的休闲度假之地。

走进农庄，举目四周，群树波涌，满眼葱绿，尤其是那棵高大的银杏古树，遮天蔽日，像个伟人守护着这片土地。庄园内，池水、楼台、树木、花卉、菜园……起伏的地形，幽幽的小径，梦一样的宁静，显得清新自然，恰似一幅景致优雅的精美油画。

这里的柏树、樟树、楝树、榆树、槐树、银杏、合欢、翠竹、桂花树……一片连着一片，优美的造型和姿态，赏心悦目。这里有桃树、梨树、橘树、柿树、枇杷等果树。那压弯了枝头的橘子，红得鲜艳夺目，热情奔放，如同新娘子掀开盖头的那一瞬。这里的鸡、鸭、鹅、白山羊，在棚舍内欢奔，追逐嬉戏，不时发出"喔喔""嘎嘎""昂昂""咩咩"的叫声，与那棵古银杏树上的喜鹊"喳喳"声和农庄树林中悦耳的鸟鸣声婉转相应。这里的块块菜地生长着白菜、青菜、萝卜、菠菜、西红柿、黄瓜、茄子、辣椒等时令蔬菜，一簇簇、一丛丛、一片片，葱葱郁郁，生机盎然。

走进瀛杏湾农庄，春夏秋冬季季都有她独特的味道与韵致。春天的农庄抒发着勃勃生机，塘岸边的翠柳对着塘镜梳理她那飘逸的长发。春风把桃花、梨花、橘花竞相吹开，层层叠叠的花瓣，婀娜多姿、争艳夺俏，绽放枝头的花穗在风中轻轻地摇动，炫耀着自己的光彩，表现着自己的至美。远远望去，就像一条条彩色的长河，泛着点点银光，不停地向前流动，散发着馥郁的芳香，飘散在整个农庄的园林里。新雨过后，薄雾轻岚萦绕其间，为秀美农庄平添了一份灵气。

夏日的池塘，澄碧清静，岸边的柳树花木成荫，微风吹拂，空气清新，绿叶、红花、碧草、微澜、游鱼戏水，含情脉脉，荡起一片诗意。池塘里也生长着一些田螺，静静地潜伏在池塘水边或池塘底端。人在塘岸边行走，塘面上一棵棵树木一片片花草倒映成七彩的虹，整齐而生动，不时地变幻着池水姿态，天光云影，水波潋滟，增添了一丝妩媚，给人以无限的遐想。

进入秋季，葡萄观景长廊里，浓郁的绿叶下，挂着一串串颗粒饱满、色彩鲜艳、肉质细嫩的葡萄，好像一颗颗紫色的宝石在阳光的照耀下闪闪发亮，十分诱人。剪下一串，用水洗净，坐在长廊下的长椅上，一边一粒一粒地啖着，一边听着鸟语、闻着桂香，享受幽静的小憩，别有一番意趣。

夜幕降临，入住庄园池塘河畔的农家屋。站在窗台遥望夜空,散落在庄园附近的民房隐隐可见,一缕缕炊烟从树林梢头袅袅升起。四周一片宁静,一轮皓月伴着颗颗星星辉映在碧空。此时,农家的灯火亮了,蓝的、黄的、红的,一盏又一盏,与之交相辉映。璀璨的灯光里,拂来了一丝晚风,树枝在风里摇曳,水波泛着鱼鳞般的光亮。凝望着这绿水芳草密林,一种宁静、安详、清纯、温馨与质朴在心中荡漾。

当那土灶上烧出的带有浓郁柴草馨香的四时河鲜和绿色健康的农家特色风味土菜端上餐桌时,这里的一切景致渐渐地被暮色收回。那些白天还是五彩缤纷的花儿、草儿、树儿,都无一例外地像谢幕的演员收拾好华美的演出服,变成平日里的素颜,静静地倚立在微风里,隐入了朦胧中。

这时,那些不知名的虫儿放开嗓子,先"啾啾"的嘀咕,后在蟋蟀这个公认的音乐指挥家的和鸣声中,从河道边、庄稼地、树丛中鼓动开来。远处的吠声也随风而来,忽远忽近,忽长忽短,像开始了一场晚间音乐盛宴。慢慢地,睡意便从静谧的农庄弥漫开来,躺在床上,任思绪在农庄飘逸,仿佛进入仙境中。

美丽的北湖

早就听说,崇明有个北湖,十分美丽。初夏的一个双休日,有机会来到北湖,终于见到了她的倩影。

一路上,尽管坐在空调车内,但梅雨天的闷热还是让人有些燥热。车到达北湖地区,一阵清新的江风吹来,顿时感到阵阵凉爽。透过车窗,放眼望去,美丽的田园风光扑面而来,道路两旁刚插好秧的水稻田里禾苗青青,显得那么静谧,又那么充满生机和活力。据陪同我们的同志介绍,这里是崇明现代农业示范基地,是一方天然净土。此地的水、空气、土壤均达到了国家一级标准,拥有生产绿色食品、有机食品的最佳生态环境。这里种植的水稻是经过精心繁育的无污染、无农药、无公害和营养成分含量高的优良品种,倍受人们的青睐。往远处看,碧绿的湖水,波光粼粼,与蔚蓝的天空连成一片,分不清是蓝天还是碧水。无数只野鸭在湖面上,它们时而追逐着在嬉戏,时而发出"喔喔"的鸣叫声,使北湖充满了勃勃生机。体形细长的白鹭在堤岸边的稻田里忙碌着奔走寻食,并不时地发出嘎嘎的叫声,它们与田间劳作的人们亲密相近,毫无惧意,和谐共处。然而当我们的车经过时,它们对我们这些不速之客的到来显然有些陌生,受了惊动而展翅飞向湖面,在金灿灿的阳光映射下,鸟的翅膀银光闪闪,如雪花飞舞,呈现出"飞时遮尽云和月,落时不见湖边草"的壮观盛景。

当我们来到堤岸,环视湖的四周,景趣各异。东边黄泥滩涂,群鸟欢愉;南边水天相接,渔舟荡漾;西边芦苇含翠,一望无际;北边崇启大桥,一派现代景象;近看湖水,轻缓流动,矗立于岸边挤挤挨挨、蓬蓬勃勃的杨树舒展着细长的枝叶,一起临风起舞的还有它们映在水中的倒影碧波,层叠隐现。成群的鱼儿在水中嬉戏,发现游人靠近,不但不落荒而逃,反而翩翩起舞,颇富诗情画意。

走近芦苇丛,一眼望去,经过雨水的洗浴,江风的梳理,阳光的施妆,绿得格外透彻,显得特别青春活跃,也有了灵性,随风摇晃,温情滋润,如美丽的少女,楚楚动人。港汊的滩涂上,星星点点的小洞,爬满了密密麻麻的螃蜞,当我们向它们靠近时,大多如临大敌,掉头而逃,机灵地钻进了各自的洞穴,但也有一些胆大的,在你的脚跟前旁若无人地爬来爬去,当你伸出手捉时,它却一点也不示弱,还会张牙舞爪地向你发起示威、进攻,十分有趣。

在北湖,我们看到的是一种没有污染、没有外力左右、独特而神奇、自然而原始的美丽风景。来到这里,瓦蓝的天、洁白的云、莹绿的水,人的心灵就会被这里的一切吸引、净化和陶冶。我将手放在湖水中,清凉着肌肤,也清凉着心思。

北湖地处崇明岛中段北侧和黄瓜沙之间,是经北沿滩涂圈围形成的天然半咸水湖泊,这里环境优美,资源丰富,湖面开阔,一碧万顷。据介绍,北湖的水域面积2.6万亩,是崇明岛上最大的湖泊,这里,鸟的种类繁多,是候鸟的后花园,一直受到严格的保护。同时,这里将作为上海乃至全国第一个低碳农业示范区,如所有肥料利用农作物秸秆和动物粪便自产自足,开辟出的低碳农业旅游区,让游客坐低碳车、吃低碳饭、住低碳房。"低碳车",就是以电等清洁能源为动力的车辆;"低碳饭",大米是崇明有机大米,菜是低碳蔬菜,火来自秸秆产生的沼气;"低碳房",采用太阳能、风能等绿色能源,设计建造也体现生态理念。抛开都市的喧闹、世俗的烦扰,来到北湖一游,更能感受到它的美妙温馨。

江海文化农家乐

前卫村,位于长江与东海交汇处的崇明岛中北部,与江苏海门、启东隔江相望,一衣带水,区域面积3.5平方公里。1969年初冬,前卫村人面对"潮来一片白茫茫,潮去一片水汪汪"的荒野滩涂,硬是靠着一根扁担、一副泥络、一把铁锹、一双草鞋围垦造田,诞生了一个以"前卫村"命名的村庄。历经40多年的艰苦创业,江海荒滩蜕变成绿荫环绕、鸟语花香、花果绕村、鱼塘密布、环境优美、民风淳朴、村民生活富足的田园诗意般文化旅游农家乐村。

改革开放后,前卫村因地制宜,率先培育成集生态旅游、体验农家生活乐趣、品味美味佳肴为一体的乡村度假农家乐。这里的农家乐,颇具特色,建有中国奇石馆、世界木化石馆、雷锋纪念馆、世界根雕艺术馆、瀛农古风园、生态休闲广场、跑马场等寓文化性、知识性、史料性、趣味性为一体的系列展馆和活动场所。另有时令瓜果采摘、垂钓等,吸引无数中外游客休闲、娱乐、度假。

瀛农古风园景区，占地面积12亩，分为四区，以一系列的人文景观，传承文化，体味乡愁。一区为"结庐拓荒展示区"，展示唐朝时期农舍农具；二区为"渔盐兴盛展示区"，展示宋、元时代的农舍农具；三区为"田园科技展示区"，展示明、清时代的农舍农具；四区为"农家古风展示区"，是综合展示区，展示水车、牛犁、推磨、纺纱、织布、轿子、独轮车等留有时代烙印的各种传统生产工具、生活用具。目光抚过，熟悉的农家生活在眼前渐次清晰，这里蕴含着古老的农耕文明，珍藏着我旧时美好的回忆，它们是有着1400年历史的崇明人工匠精神的传承写照和江海农耕文化的诗性符号，更是反映了崇明历史的演进和生产力的发展过程。

与其他农家乐不同的是，这里有一处景区是野生动物驯养基地，占地面积20亩，其动物有鹩哥、豚鼠、香猪、猴、老鹰、斗鸡、孔雀、梅花鹿等，基地内部环境幽静，树木繁茂，鸟语花香，生态怡情，景色宜人，置身其间，顿觉进入了美丽的桃花源。

2004年7月27日，时任中共中央总书记胡锦涛来前卫村视察，并给予高度评价，称"农家乐前途无量"，引起了全国农家乐热。今天的前卫村，经全村人民的不懈努力，一个原不起眼的荒凉沉寂的江边小村实现了"经济实力更强、乡村风貌更美、生态环境更优、人民生活更好"的目标。前卫村村委会办公室内，奖状挂了满满一面墙。小村曾荣获联合国"生态环境全球500佳提名奖"以及"全国农业旅游示范点""全国青少年科普教育基地""全国精神文明建设先进单位""全国最有魅力的休闲乡村""全国民主法治示范村""国家AAAA级旅游景区"等40多项殊荣。

在前卫村,市民游客不仅能品味人文艺术,还能感受自然风光。冬日的一天,来到前卫村,入住海上花岛酒店。清晨,天刚破晓,一对白头翁以清脆高亢的声调,正在呼唤曙色,将人们从睡梦中叫醒。沿着村前的大道,伴着丝丝寒意,品着清新空气中裹挟着的泥土气息,走到村不远处的北横引河大桥。早晨的河畔宁静优雅、风清气爽、天蓝云白,人与自然融为一体。站在桥头,极目远眺,河水清波荡漾,两岸树木茂盛,色彩丰富,旖旎风光,在人们面前徐徐展开。两排水杉树高耸挺拔、树叶紫色,枝头积着一层茫茫白霜,树的四周弥漫着薄雾,形成一片雾纱,如梦如幻。纵横交错的小路"满霜如雪",印着一行行足迹,勤劳的人们已经开始忙碌。

一轮红日在晨曦初露之时冉冉升起,照射在平静如镜的河面上,金光粼粼,照射在风中摇曳的芦花上,银光闪闪。天空碧蓝,几朵白云飘动,几只飞鸟翱翔,静静的河面上漂来一叶小舟,木桨划出一圈圈水纹,打鱼的渔民们把网撒向水中,轻轻游弋,并不时地收网,鱼在网内活蹦乱跳,这可是没有一点污染的清水鱼啊。不远处,一群白鹅在河水中嬉戏,似一朵朵白云悠悠地漂浮在水面上,蓝白相间,构成了一幅人与自然灵动和谐的生态画卷。

久居在城市里的人,来前卫村感受这有魅力、有活力、更有温度的江海文化农家乐,可令人尘虑尽消。在那天然的生态环境里放飞心情,亦可品味到一种人与自然交融的忘我境界。

红日跃出水面,照亮了万物,前卫村染成一片金色,一派生机盎然的风姿,并透出几分艳而不俗的灵秀清芬,令人心潮澎湃,仿佛看到了当年前卫村人战风潮、筑堤坝、疏河道、建家园的猎猎红旗,看到了浩浩荡荡围垦大军冒严寒、顶烈日,奋力拼搏的磅礴气势,更是看到了前卫村在新征程路上的美好未来。

江岸水畔休闲园

位于堡镇东约三公里处，小漾河南部东侧靠江岸边的孟瀛农庄，占地面积 140 亩。这是一处因地制宜，依托得天独厚的自然环境，集旅游、观光、度假、休闲于一体，以独具匠心的设计和巧妙合理的布局构成了韵味独特，民俗风情浓郁，田园风光独具，以及可观日出日落和长江潮涨潮落美景，可听细浪拍岸之声的生态休闲园。

夏日回崇明，天高云淡，沿着江岸一路走来，有路牌相指，便见堤岸旁别致的孟瀛农庄和高高的铁制门楼，掩映在四周绿树中，飞鸟相应，蝉鸣起伏，景色宜人，充满原生态气息，顿觉神清气爽。

进入园区，首先映入眼帘的是那一方荷塘水清如镜，水面上铺满丝绸般的绿荷在微风中摇曳，莲叶田田，风姿映日。色彩鲜艳的荷花或含苞待放，或迎风盛开，绿叶、红花、微澜，宛如镶嵌在园内的一颗蓝钻。几只小天鹅在水中时而悠闲觅食，时而游弋玩耍，荡起了一片诗意，成为园区的一道靓丽风景。

环池塘的两边，便是另一番天地，仿古建筑错落有致。池塘西侧，朝东向的一排平房，作为休闲场所，青青的砖墙，还有那乌黑的瓦檐、朱红色的格子门窗，飞檐翘角，雕梁画栋，格调清新，精美雅致，以及梅、兰、竹、菊厅和书画室的布局，充满着浓厚的传统文化气息。池塘北侧，一排朝南向的二层小楼，作为客房，共 30 多间，仿当地民居特色建筑，白墙黑瓦，古色古香，别样的水乡风情。

农庄的南侧，是一座南北走向长长的木结构棚廊，有栏和柱，有石刻碑文和农耕壁画，与东西走向爬满紫藤的长廊相呼应，游客可坐可立，那水、那树、那竹、那亭，还有那一片片菜园，在坐立之间可赏可品，令人心旷神怡。

游廊的西侧，一片绿意葱茏，高大挺拔的樟树分列两边，水泥路道如绿荫长廊，从园门口一直延伸到西边的小漾河。那些不知名的鸟儿在枝头啼鸣，循声找去，树叶依然茂盛，纵然歌声美妙，还是寻不到它们的踪影，置身其间，让人澄心悦目，尘虑顿消。

水泥路道的两边是菜地，瓜棚豆架上叶子绿汪汪的，那豆角长的已下垂过尺，刚刚谢花的有手指头长，透过棚架缝隙，叶底下有三两员工在劳作，手中摘下水灵灵的豆角，充满着神采飞扬和悠然自乐的景象。往深处望去，一排排玉米，果穗饱满，吐着红须；一垄垄绿油油的青菜，恰似一幅幅巨大的绿色地毯铺在大地上，养眼怡心。

这里的农家乐，鸡鸭鹅羊猪等禽畜都是有机草饲和自然散养的，菜也是在优质天然的环境下自己种的。这些鸡鸭刚才还在那里活蹦乱跳,绿色生态的蔬菜还在田间郁郁葱葱,瞬间就成了盘中新鲜清香的美味佳肴,诱惑得惹人垂涎。在这里,让人真正感受到,食材本真,土灶烧制,烹调手法自然清淡,这就是十足本土气息的农家菜味道。

住在这里休闲游乐,细心赏玩,乃一步一景,移步换景,仿佛走进世外桃源。清晨,孟瀛农庄在鸟欢、鸡鸣、狗叫、鸭闹声中唤醒。登上堤岸,可远眺一轮红日从浩渺的东海边冉冉升起,映红了水,映红了滩涂,映红了芦苇,映红了村庄……勾勒出一种梦幻般的仙境。白天,在天气晴朗的时候,站在堤岸,可观碧波细浪,轻拍水岸,举目远眺,长江大桥和长兴岛船厂塔吊的雄姿,江中来往的船只和空中盘旋的海鸥,诸般胜景,美不胜收;傍晚时分,漫步江堤上,落日晚霞,绚烂辉映,红满天际,蔚为壮观。尤其是遇上雨后天晴,万物清新,七彩晚霞,美轮美奂,此时,在水波荡漾里听渔舟唱晚,在一朝晚霞里看水鸟翩跹,让人陶醉;入夜,蓝宝石般的星空下,银色月光洒向江面,长江里船只灯火和对岸市区流光溢彩的灯光,水上水中,光影错落,交相辉映,吹着阵阵爽朗的江风,呼吸着沁人心脾的纯净空气,满眼里尽是诗情画意,惬意极了。饱了口福、眼福之后,便可享受其耳福,那美妙动听的细浪拍岸轻唱,与青蛙和鸣虫的交响欢歌声伴你进入梦乡。

清风拂面,草木花香,丝丝缕缕,悠然而至,让人不自觉地沉浸其中,除却繁杂和喧嚣,不用去想世俗的羁绊,不用去想琐事和烦事。

孟瀛农庄,让你敞开心扉尽情游憩,悠然自在尽情休闲!

碧波荡漾淀山湖

秋天是一年中最迷人的季节,秋阳下的淀山湖更是景色如画。

十月的一天,丽日和风,天气晴好,我们的车沿着淀山湖行驶,透过车窗,沿途美景不断地闯入我们的眼帘:蓝天白云下,一望无垠的淀山湖,水面清澈,碧波荡漾。湖岸边茂密的芦苇摇曳,松杨叠翠,绿草如茵,林水相映,似无边的翡翠幕幔,娇柔多姿,形成了"春和景明,波澜不惊,上下天光,一碧万顷"满目秋意浓醇的壮丽景象。

淀山湖,湖面呈葫芦形,是上海市最大的淡水湖,面积相当于11个杭州西湖。一路上,目之所及,阳光洒进湖道的柔波,湖畔树木花草,摇曳生姿,稻菽金浪,菜蔬绿波,秋果飘香,大地像一块调色板,呈现出五彩斑斓的秋日美景。大观园的古典建筑群、野营基地童话般的小木屋和湖岸边的民居小楼,错落有致地掩映在绿树碧水中,成了淀山湖的神奇屏障,犹如一幅巨大的江南山水名画。

那簇拥在湖边的片片林带,层层叠叠,蓊蓊郁郁,绿黄蓝紫,色彩艳丽,秋风吹过,沙沙作响,令人赏心悦目。5 000多棵亭亭玉立、高耸入云的水杉树林成为淀山湖畔一道奇特风景。苍劲挺拔和挂满白果的银杏树,灿然明黄,闪烁金光,楚楚动人。透过行道树,成群结队的鹅鸭在林中闲逛,有的在相互追逐,有的在低头觅食,更多的在伸头探望,不时传来一阵阵"嘎嘎"的叫声,如同自然交响曲,是那么的悦耳动听。

放眼远眺,秋日的宁静和美景扑面而来,这连片的绿叶地种有芋艿和慈姑,枝繁叶茂,绿中泛黄,在秋日温和的阳光下,绽放着美丽的笑颜。金黄耀眼的稻田,沉甸甸的稻穗迎风招展,与路边火红了一树的夹竹桃花、栾树依然青葱的树冠上顶着火球般的花朵交相辉映,轻轻地摇着,闪着红黄的光和焰,如天上彩霞飘落,构成了一幅诗情画境的秋色图。

秋风习习,送来阵阵凉意,湖水湛蓝,波光粼粼,水天交融,淀山湖显得格外恬静。只有湖水轻吻着湖边的芦苇和水草,那么执着,那么痴情。远离城市喧嚣,走进湖畔,享受悠闲惬意,深为大自然的无穷魅力所迷恋,留下了心旷神怡的悠然记忆。

湖岸边原是葱碧的芦苇,已褪去了绿妆,换上了黄裳,在我们眼前衬托着若隐若现的金黄翠绿,一片秋意荡漾。微风徐徐,苇波起伏,浩瀚广袤,气象万千。一群群飞鸟,轻快地掠过苇荡,飞着鸣着,歇脚觅食。身临其境,赏芦花观水鸟,充满野趣,令人叹为观止。

古人说，有水则秀。淀山湖的江南水乡孕育了江南风情的乡土特产。眼下正是水乡蟹肥虾壮鱼鲜的季节，湖岸边的湖鲜蟹庄彩旗飘扬，五颜六色的鱼虾清水蟹招牌，格外引人注目。淀山湖清水蟹肉白而嫩，味鲜而美，声名远播，众多游客纷纷到这里来品尝时令湖鲜美味，感受农家生活的乐趣。

金秋时节，微风送来清新的空气，夹杂着泥土花草散发出的芬芳。徜徉在淀山湖畔，尽情拥抱大自然，身边是一幅幅碧翠争辉的图，眼前是一幅幅水面如镜的画，耳畔是一阵阵鸟儿吟唱的歌，脚下是一条条洒满阳光的路，放松的心儿随着金辉绿波一起荡漾……

楹联之乡黄桥村

秋日的一天,阳光明媚,凉风习习,温和宜人,我们一行来到地处松江区泖港镇中西部的黄桥村。大巴沿着高速公路进入村庄,映入眼帘的是一幅满目苍翠秀美、散发着泥土芬芳和淡淡稻花清香的生态田园风景画,令人视野开阔,心情敞亮,惬意盎然,不由得思绪万千……

黄桥村,东靠 G1501 高速,南沿叶新公路,西至黄桥港,北枕黄浦江,全村区域面积 3.2 平方公里。放眼望去,一条条河道,水清岸绿,亮丽清新,阳光洒在水面,波光粼粼,散发着碎金般的光芒,形成一条条绸缎似的金色线带。一块块绿油油、整齐茂密的稻田,在秋阳的照射和秋风的吹拂下,泛起层层绿波,像宁静壮美的诗行,如滔滔不尽的江河奔流,蜿蜒伸展,赏心悦目。田野四周种植的花卉,五颜六色,竞相绽放,妩媚娇艳,随风摇曳。

来到黄桥村村部,村支书、主任详细介绍了新农村建设的情况,实地考察了村民服务站、楹联文化展示厅、民办老年活动室和家庭农场。所到之处,无不让人感受到楹联之乡一种风清气正、阳光健康、正能量向上的浓浓书香气息。

这里有综合文体活动室、村民事务代理室、中心卫生室、便民超市商店、为民综合服务站、标准化篮球场和六个健身点,有效地提高了社区公共服务体系建设标准,惠及更多百姓群众,使村民不出村就能享受到多项服务。在综合文体活动室里,七八张方桌坐满了人群,有打牌的,有下棋的,有看报的,更多的则围坐在一起,喝茶聊天、叙旧情、忆往事……他们虽是两鬓花白,皱纹密布的老者,但却精神矍铄,谈笑风生,神采飞扬,其乐融融。深深地感受到村民们的淳朴、善良和热情。

这里的法治楹联宣传场所,村民休闲活动场所,农家法治书屋,法治楹联展示窗口,法治楹联书籍,法治楹联书签……成为松江区司法局和泖港镇司法所在黄桥村设立的法治楹联教育基地,有效地将传统文化和法治建设融为一体,使法治宣传教育内容更丰富,基础更深厚,效果更扎实。

近年来,黄桥村按照贴近实际、贴近生活、贴近群众的原则,创新方法、丰富内容,通过黄桥楹联沙龙、创建星级家庭、创办《魅力黄桥》《黄桥联墨》以及《黄桥新风》小报等载体助推乡风文明建设,弘扬农村传统文化,营造一个健康、文明的良好氛围。

随着黄桥村新农村建设和"三农"试验区工作的推进,黄桥村已成为现代农业产业的典型代表,形成了"田成方、路成网、渠配套、林成行"的标准农田。以低碳绿色、优质高产为标准,按照生产专业化、标准化、集约化和规模化的要求,坚持产量、质量、结构、效益的有机统一,重点培育特色农业,从而实现了现代农业跨越发展,达到了百姓富、生态美的双赢成效。

黄桥村先后获得了全国生态文明村、中国最美休闲乡村、全国妇联基层组织建设示范村、全国(绿色村庄)特色村、全国示范农家书屋和上海市文明村、卫生村、健康村及楹联第一村等荣誉称号。

黄桥村,像一位朴素的村姑静静地伫立在黄浦江畔,不张扬也不做作,一派自然,清雅秀美。生活在这怡静宁谧的乡村,过着现代的生活,幸福、美满又快乐,真是让人赞叹,羡慕,心醉。

迷人的"深坑高楼"

深秋,是一年中最有韵味的时节。迎着暖阳前往位于上海松江佘山脚下——天马山的"世茂洲际酒店"。一路上,透过车窗,观赏着市郊大地上一派丰收景象,金色秋阳为其镀上了一层金色,色彩斑斓的田野处处涌动着金灿灿的稻浪,耀眼夺目,那阵阵稻香,随着爽爽秋风飘进车厢,沁人心脾,令人陶醉。

在这秀美的风景长廊中,不知不觉来到了松江精灵之城主题公园——天马山。进得园中,沿着弯弯曲曲的玻璃栈道移步前行,当行至栈道的一个台阶处,倚栏眺望,建在景色秀丽的天马山深坑中的"世茂洲际酒店"蔚为壮观,一览无余地呈现在眼前,耳闻变成了眼见,可谓是另有风味的独特景观,体验到这座集自然、地貌、人文景观于一体,整个高楼建筑如"挂"在深坑崖壁上,其神奇魅力,真令人叹为观止。

酒店工作人员告诉我们,深坑酒店建筑面积为6.1万平方米,总建筑高度为74米。这幢主体由地表以上3层及海拔负88

米的 16 层建筑,依附山坑崖壁而建,是世界上首个建在废石坑内的自然生态酒店,成为上海地下空间利用的一张新名片,地下深建筑领域里的一道新风景。酒店工作人员还介绍,这里原有一座 40 余米高的山丘"天马山",长年的炸山采石形成了深坑,在采石场被废弃后,矿坑地表留下了一处凹下去的巨大"伤疤"。于是,世茂集团早在 2006 年就设想,将利用这一深坑的自然环境,依仗地势建造一座大酒店,让整个酒店与深坑融为一体。并经过无数次的设计方案科学论证和反复调整,深坑酒店于 2013 年 3 月正式动工,2016 年完成主体结构封顶,2018 年 6 月进行试运行。

　　游览中,给人印象最深的是景区依托原生态环境,发挥独特的地理优势,注重自然景观与人文资源的有机结合。酒店坑表以上 3 层是酒店大堂、会议中心及餐饮娱乐中心;屋顶是空中花园;坑下部分,水上 14 层是客房;水下 2 层包括水下情景套房、千人宴会大厅、恒温水疗中心和休闲泳池等。这里的所有客房都设有观景阳台,站在任何一个阳台都能全方位观赏深坑峭壁上流向坑底人工景观湖的瀑布。据称,酒店营造出瀑布流入坑底水潭的景观,不仅具有观赏性,而且还可以利用水体循环实现冬暖夏凉的环保功效。那一泓平静碧绿的景观湖,湖水清澈,水光潋滟,水面倒映着高天彩云,宛如一颗巨大的蓝钻镶嵌在景区,使人赏心悦目,陶冶身心。

　　移目展望,那生长在深坑峭壁上茂密的绿色植物错落有致地覆盖在黑坳的岩石上,林木葱茏,山花盛开,枝与枝的交错,叶与叶的重叠,花与花的争艳,泼红嵌绿,接天连湖,随风摇曳,野趣天成。身临其境,清新怡人,妙感盎然。

此时,酒店一楼大厅里正在进行的室内灯光水秀表演深深吸引众多游客,我们也停下脚步,驻足观赏,只见那五彩缤纷、变换多端的灯光照射在时大时小喷洒的水线中相互交织,闪闪烁烁,看得眼花缭乱。那哗哗的流水声,朗朗的欢笑声和"咔嚓,咔嚓"的手机声响成一片,令人精神振奋,心旷神怡。置身其景,犹如斑斓的霞光,色彩幻妙,意境非凡,既热烈壮观又充满了浪漫诗意。

深坑酒店,给人以清新,自然,秀美,耳目一新之感。流连观照,饱览美景,迷人的"深坑高楼",宛若妙龄少女,踏着青春的步子徐徐走来,让人们记住她的美貌,感受她的神韵,体味她的魅力。

浦东老宅留乡愁

初夏的一天,来到位于浦东新区康桥镇沿北村901号的浦东老宅,呈现在人们眼前的是:长廊蜿蜒,杨柳依依;清水荷塘,驳岸长长;粉墙黛瓦,庭院深深;临水轩榭,雕梁画栋。还有明朝古井,乾隆石桥,百年家具,历代农具等,仿佛穿越时光,回到了过去清秀淡雅的岁月。宅院四周,生长着郁郁苍苍的果树花木和翠竹,放眼望去,花儿姹紫嫣红,微风过处清香宜人,沁人心脾,树木青翠油亮,环境优美,风景如画。徜徉河畔,在多情缠绵的柳荫中,只见不远处一座石桥如虹,横跨彼岸,河道上停放着一艘小木船,几只鹅鸭游弋在清清的河水中,一双双红掌慢悠悠地拨动着清波,时而"嘎嘎"两声,一派祥和的田园气氛。置身于集百年人文历史、建筑遗产、乡村风貌与秀美的自然风光于一体的浦东私家园林,让人在古朴典雅的景致中收获了一份惬意。

这座浦东老宅是当地农民王炎根60岁以后,经过10多年的风雨历程,自筹资金,淘遍浦东地区各个老镇拆迁工地,收集各种废旧材料,自己设计和施工,将它们原汁原味地重新组合,以旧拼旧成占地 24 300 平方米,屋舍 204 间的仿古老宅。这座浑然天成、古意十足的老宅按清末民初的浦东地区传统宅院进行复原,留存了昔日农家生活风貌。宅院中既有厅堂、客堂、象门、仪门等单体浦东居民建筑,又是展现富裕、小康、佃户、贫穷等各阶层浦东民居典型的整体建筑群。

老宅经精心设计整理,匠心独具,布局严谨,排列有序,结构巧妙,装饰典雅,功能齐全,配有各种传统生活生产用具,逐步建设成为浦东老宅民俗展示馆,以传承乡土文化并真实地还原了清末民初上海浦东各个阶层居民的生活起居,打造成浦东地区独特风韵的传统民居靓丽名片,获得上海大世界吉尼斯"用拆迁老建筑构件建造的最大建筑群"纪录证书。

在老宅的建筑过程中,王炎根不仅收集有关传统民居建筑的民谣谚语,还生动形象地总结出大小不同住宅类型和不同生活状况并编写成顺口溜:(一)贫穷人家:"空心椽子草屋底,进门一脚烂泥地;一日三顿吃不全,行灶烧饭满屋烟;天有月亮当灯点,不用扫帚风扫地;屋内没有柴和米,合扑睡觉望明天。"(二)佃户人家:"客堂正间两发袯,薄瓦房子五开间。农用家生缺勿全,换工分种种租田。宅前缺少小菜地,屋内少有柴和米。丰收年份平平过,天灾人祸苦无边。"(三)小康人家:"一幢房子簇崭齐,客堂正间两落檐。种地不要交租米,年年收支有结余。老牛缚在场角边,农用家生备得全。牵磨舂臼勿出去,牵纱织布勒屋里。猪满圈,羊满棚,鸡鸭成群鱼满堂。柴堆高,米堆大,烧陈柴,吃陈粮。能防三年风和雨,阁栓头上有白米。"(四)富裕人家:"深廊檐,阔壁脚,淘米拎水不湿脚。雕花构建有气派,水桥排勒屋里厢。养个儿子不挑担,讨了媳妇不烧饭。丫头用人一大堆,柴米油盐送上来。金边碗,象牙筷,鱼吃粥,肉吃饭。小菜多来交交关,早四夜六中八样。水果糕点勿稀奇,人参桂圆吃白相。"真是读来琅琅上口,也真实地反映出旧时乡村不同阶层、不同类型房屋和不同人家的物质生活环境和风貌特征以及生产生活现状。

"浦东老宅"现已成为本地民俗展示馆,在上海地图上可以查找到的地标,得到了上海市地名办正式命名。同济大学国家历史文化名城研究中心主任、著名专家阮仪三教授亲笔为"浦东老宅"题词,吸引着众多的游人慕名来此参观游览。然而,那天我们在王炎根的陪同引领下,目睹了这座仿古老宅后,更是引发我对故乡崇明老宅的怀想。旧时我家的老宅与"浦东老宅"相仿,是一座三井三场心的大宅院,住着同宗同族十几户人家。那时的宅院里,邻里之间和和气气,少有纷争,每家每户准时升腾袅袅炊烟,随处展示着世俗生活的甜美与寻常。我在老宅度过20多年的童年和部分青年时光,一直到20世纪80年代初全部拆除,老宅没了踪影。但岁月深处的老宅时常在脑海中浮现,让我怀念和回味,抹不掉,冲不淡。

乡愁是温暖的动力。"浦东老宅"过滤着城市的喧嚣和浮尘,让我倍感温馨;"浦东老宅"蕴藏着它生生不息的人文精神,也使乡村的文脉得以延续,让乡村的灵魂得以留存;"浦东老宅"成了活生生的历史,看得见的乡愁,给美丽乡村带来生机和活力。

犹太难民纪念馆

坐落在上海市虹口区长阳路 62 号(原华德路 62 号)的上海犹太难民纪念馆里，记录着一段段中国人民在世界反法西斯战争、抗日战争极其艰难的情况下，在上海先后接纳了近三万名为逃离纳粹的屠杀和迫害而从欧洲来沪避难的犹太难民的历史。

1933 年至 1941 年，犹太难民生活在上海虹口提篮桥地区的"无国籍难民限定居住区"中。在那艰苦的岁月里，难民们与当地居民友好相处、患难与共，至 1945 年战争结束，大多数犹太难民得以幸存，这是上海人民卓越无比的人道主义壮举。

为了纪念那段不能忘却的历史，2007 年 3 月，上海市虹口区人民政府拨出专款，依据从档案馆发现的原始建筑图纸，对上海犹太难民纪念馆进行全面修缮。现在的纪念馆由摩西会堂旧址、展示厅、中庭小广场等几大部分组成。

走进摩西会堂旧址，这是一座上海仅存的两座犹太会堂旧址之一。二战期间，这是在沪犹太难民经常聚会和举行宗教仪式的场所。1927年由俄罗斯犹太人修建，外廊式建筑风格，建筑主体为三层青砖墙面，水平向带状红砖作为装饰，门窗上饰有传统式样的拱券(清水拱券)，山字形入口具有些许犹太建筑的特点。大门上方则是犹太教的标志"大卫星"。建筑风格朴素稳重，室内楼梯扶手雕饰精美，被列为上海市第四批优秀历史建筑。

来到纪念馆展示厅，呈现在人们眼前的，是通过现代化高科技手段，形象生动讲述的欧洲犹太人避难上海的史实过程，详实地反映了他们在政治、经济、文化、宗教、生活以及与当地中国居民和谐相处的情况。透过那一幅幅图像，生动再现在国家危难时刻齐心协力团结一致反抗侵略的历史场景和精神风貌，给参观者带来深深的震撼和感动。

中庭小广场，即大西洋咖啡馆。据资料记载，2013年5月，以色列总理内塔尼亚胡及夫人为咖啡馆剪彩并品尝了第一杯咖啡。该店招是当年犹太难民开设咖啡馆时使用的，纪念馆以老店新开的方法对咖啡馆等店招进行保护，重现昔日欧洲犹太难民生活的景象。

行走在犹太难民纪念馆，这里的实物、图片、雕塑和绘画等艺术品重现犹太难民避难上海时的情景及相关的各个历史事件和人物，它把上海与反法西斯战争和纳粹大屠杀的历史紧密地连接在一起。那一件件珍贵的史料，见证和纪念犹太人避难上海的这段严酷时代和悲惨遭遇的历史，唤起人们铭记过去，珍爱和平，努力奋发向上，实现中华民族伟大复兴的中国梦。

当参观完走出犹太难民纪念馆时，一眼望去，周边景色尽收眼帘。不远处有"小维也纳"之称、建于19世纪20年代末、具有欧洲古典风格毗连式建筑,二战时犹太难民就在这里集中居住,因此成为充满异国情调的商业中心的霍山路、舟山路建筑群。如今,这里成为一个整洁安宁、祥和幸福的居民住宅小区,小区周围开放式的商铺紧挨相连,顾客盈门,一派繁荣景象。与居民小区紧挨着的还有建于1917年的霍山公园(原名汇山公园),二战期间,欧洲犹太难民常在此休息聚会,园内设有"无国籍难民限定居住区"纪念碑。附近还有建于1910年的美犹联合救济委员会旧址和犹太难民收容所旧址,让前来参观者身临其境体验。

  珍惜和平,反对战争,是世界各国人民的共同愿望。在新的历史条件下,我们坚信"好战者必亡"的古话,正义一定能战胜邪恶,谁敢违抗,一定会受到全人类谴责惩罚,这是历史规律。踏访上海犹太难民纪念馆,心灵得到了一次洗礼,让人感怀和难忘。

艺术熔炉土山湾

土山湾这个很少有人所知的地名,却是一个传奇。这里是中国西洋画的摇篮、近代海派艺术发展的渊源,也是中国工艺走出国门、走向世界的先导。

近日的一天,走进坐落于上海徐汇区蒲汇塘路55—1号土山湾孤儿院旧址的土山湾博物馆。扑面而来的是一张张生动的雕塑面容、一幅幅英姿的黑白照片、一件件精妙绝伦的传奇工艺品绽放异彩。这里有世界雕塑大师张充仁、海派黄杨木雕创始人徐宝庆等弥足珍贵的艺术精华,更有流落国外100年,曾三次参加过世博会,历经沧桑、荣归故里的土山湾牌楼、木塔、水彩画等文化瑰宝。令来访者赏心悦目、驻足流连,无不感叹大师们的聪明智慧,感慨他们的独具匠心。

展览通过西洋油画、木雕泥塑、彩绘玻璃、印刷出版等文献实物、场景复原、影视多媒体等手段,充分展示了土山湾自1864年至20世纪60年代初历史发展的筚路蓝缕,彰显了中西文化交融的薪火相传,也为中国现代工艺美术史留下了一笔宝贵财富。

土山湾孤儿院曾是上海天主教会的重要机构,是上海地区的第一所孤儿院,也是中国天主教会所办的最大孤儿院。它建立于1864年,其前身是1855年法国传教士薛孔昭创办的青浦横塘育婴堂,专收6至10岁的教外孤儿,"衣之食之,教以工艺美术",70年间,共收有孤童4000余名。抚养之余,"留堂工作",亦为传教所需,教他们学习工艺美术,并创办土山湾工艺厂,俗称"土山湾画馆"。渐次设立雕塑、印刷、木刻、金工、照相等工场,由擅长建筑设计、雕塑、绘画、印刷等技术的传教士指导,进行学习制作。

历经风雨,苦心耕耘。经年累月,土山湾俨然成了一座"艺术熔炉"。一批中国近代美术家、教育家、艺术家和工艺大师从这里走出,一批批学有所长的成年孤儿走向社会,有的成为印刷、机械、电工等方面卓越的技术人才,有的自己开办作坊、工厂,成为私营业主,共同推进了新技术、新工艺、新事物在中国的发展,推进了中西文化的交流融合。

真实的故事,感人的实物,生动的雕塑,穿越时空。土山湾画馆不仅对西洋画在中国的传播作出了不可磨灭的贡献,而且培育出了众多的人才。画馆延续数十年,经久不衰,涌现出了周湘、张聿光、徐咏青、徐宝庆、杭稚英、张充仁、刘海粟、徐悲鸿等蜚声中外的近现代美术家。海派杰出画家任伯年也曾在此学习西画技巧。土山湾画馆被徐悲鸿誉为"中国西洋画的摇篮"。孤儿院的印刷部、发行所对外称土山湾印书馆,先以活体铅字印刷,后来使用石印工艺,是中国最早采用石印术的场所。它的铜版、珂罗版

（俗称玻璃版）和三色版等制版技术，在沪上居领先地位。1894年成立照相制版部，最早把照相铜锌版设备和技术引入上海。1913年采用照相排版技术。土山湾孤儿工艺厂制作的风琴、塑像、木雕、镶嵌画、彩绘玻璃等，造型别致、个性鲜明、栩栩如生，表现出耐人寻味的艺术意趣，达到了前所未有的境地，赢得了市场声誉，产品使用遍及全国各地，名扬东亚和欧美。1912年，巴拿马世博会临近之际，当时的上海政府为了征集展品，特向名声在外的土山湾孤儿工艺院发出了提送产品的请求。曾经参加过1900、1902、1904等数次世博会的土山湾孤儿院专门制作了木雕宝塔群等在内的大量作品，惊艳亮相，展露出精美的中国艺术风格，促进了中西文化的交流和发展。

峥嵘岁月渐渐远去，历史剪影越发清晰。土山湾留下的是灵动飞翔的永恒印迹，那是依然有生命力的世界文化遗产，那是先人的灵魂，那是文化艺术的结晶。置身其间，无疑是经历了一次思想信仰的撞击，一次人生视野的拓展。

夜幕下的老场坊

老场坊,位于虹口港海宁路桥北岸西侧,是一座经典的历史建筑。由英国著名建筑师巴尔弗斯设计,并由当时上海滩最著名的建筑公司"余洪记"负责工程建设,总花费白银330多万两,1931年动工,1933年建成,故也称为1933老场坊。

老场坊的建筑风格融入古典英式建筑特质和古罗马利卡式元素。作为昔日"远东规模最大的宰牲场",规模庞大,占地8 677平方米,建筑面积29 491平方米。主体建筑为三层,全部采用英国进口的混凝土,墙体厚约50厘米,而外方内圆的基本结构也暗合了中国风水学说中"天圆地方"的传统理念。"无梁楼盖""伞形柱""廊桥""旋梯""牛道"等众多特色风格建筑融会贯通,光影和空间的无穷变幻呈现出一个独一无二的建筑奇葩。这里拥有一条2公里多长的屠宰流水线,各种熏蒸、消毒、熬油、凝血、包装、收容、储藏、化验、解剖等功能一应俱全。养殖场可蓄纳1 000头牛、1 500头羊、500头猪。当年这里不仅可供大半个上海的肉食,还大量远销到外地甚至国外。据说当年全球这样规模的宰牲场只有三座,老场坊排列在英国、美国后的第三位。这三座屠宰场,都出自同一位建筑师的设计。

随着时代的进步和社会的发展,老场坊早在20世纪80年代后期已完成了它的历史使命。如今的老场坊,成为上海时尚的新地标。这里不仅成了摄影爱好者趋之若鹜的艺术宝地,更是青年人闪耀青春的乐园,创意餐厅、空中舞台、美术画廊,为公众提供了一个零距离接触艺术和体验时尚生活的文化空间。

傍晚时分,水岸呈现"夕阳归河远"的美景。只见红彤彤的落日挂在天水之间,余晖落在虹口港蜿蜒的碧清河水水面形成金色波光。一眼望去,宛如系在青春舞女腰间的一条绸带,伴随着少女腰肢有节奏的扭动,既飘逸洒脱又文静雅致。漫步在鳞次栉比、纵横交错的老场坊,古老的建筑,潋滟的河水,与楼群、街道相映成趣。河道两岸一派生机,绿树花草郁郁葱葱,散发着清香,舒适惬意的景色让人心旷神怡。

当夜幕降临时,中心广场游人如织,霓虹灯流光溢彩,星空大地一片璀璨。只见光影斑驳,文化为建筑创意了迷宫般的奇妙感觉,那欧式历史建筑上镂空的水泥花格窗,让时空交错。每逢节假日,浪漫绚丽的创意灯光秀和河道水幕秀交织成一幅幅有趣的图景,辉映天际,五光十色,多姿多彩。灯光、喷雾、音乐、画面……充满奇幻色彩,美不胜收。石板路两旁是大大小小的商铺,大小店面被琳琅满目的商品摆满。一些酒吧里偶尔传来的音乐声为老场坊增添了一些现代气息,却并不觉得突兀和相悖。老建筑、新文化,透视出上海的文化底蕴,使人仿佛进入梦幻世界。

沿河两岸,成为市民休闲的栖息之地。晚饭后,人们到这里散步的、跳舞的、弹唱的……组成了一首和谐的交响曲。沿着河边悠闲散步,寂静安宁,登上护栏平台眺望,夜色中的老场坊,灯火一片,那皎洁的月光轻笼下的古建筑氤氲着典雅之美、厚重之美,像一首幽寂空灵的长诗,至纯至性,至清至雅。闪烁着、变化着的霓虹灯光倒映在河水中,灿若星河,汇映成一道道细细跳跃的碎金般波光,给人以动的美感。河岸边,情侣依偎,窃窃私语,古朴的建筑物与现代人的生活气息完美融合。虹口港一年四季水平如静,清冽透彻。这里还时不时地看到有捕鱼者撒网捕鱼,每当捕起几条小鱼几只小虾,顿时引来观者的好奇和喝彩。人们在这里享受一天中最悠闲的时光,体验着奢华和风情。

老场坊,它连接着上海的历史、现实和未来。这里,传统与现代相互辉映,自然与人文相得益彰。"夕阳无限好,只是近黄昏",美只在瞬息间。太阳慢慢被云霭淹没,暮色逐渐下降,徜徉在这柔情的老场坊河畔,细细品赏古典英式建筑的风姿,让我感悟到一个城市的文化内涵和历史情怀。

古韵悠悠闻道园

闻道园,位于上海宝山罗店镇义品村,占地 1 000 余亩,以古徽派建筑复建为主要特色。园内四周曲水环绕,湖水清澈碧绿,清静明丽,宛如一颗巨大的蓝钻石镶嵌在田野里。这里的名木古树就达 18 000 多棵,只见湖岸边林木蓊郁,亭台楼阁错落有致,漫无边际的薰衣草,随风摇曳,紫花烂漫,身临其境,恍若走进人间仙境。

走进园中,我的目光一直被那些独特的古建筑所吸引,这些江南水乡的自然田园、民居院落、乡风民俗乃至传统文化得到了诗意化的表达。如今,随着城乡一体化建设步伐的加快,过去的一些老房子、老建筑渐渐地远去,消失在人们的视线里,取而代之的是城市与乡村变得千篇一律,到处是高楼大厦,那些散发着独具魅力的古民居和古建筑却变得愈发稀缺难觅,因此更让人感到珍惜。为此,近年来,上海闻道园文化投资控股集团,怀着为拯救这些行将消失的传统古民居、古建筑的朴素情怀,不惜投入 10 亿巨资,从安徽、江西、浙江、江苏等地收集和挖掘来大量的隋、唐、明、清时期古民居以及石桥、石柱、石板和古奇石、古石刻等古建筑材料,进行精心设计,原汁原味地重新复原组合,在闻道园内建造成仿古老宅和仿古建筑,使传统历史文化得以保护和传承。

这里的徽派古民居建筑群,有20余幢隋、唐、明、清时期古民居,祥和静谧,蜿蜒耸立在葫芦形小湖四周。凭栏望去,顶上蓝天无垠,白云悠悠,下面是绿影婆娑,湖水潺潺,拱桥似月,古宅老墙,湖光叠影,相映成趣,美不胜收,构成了一幅幅以建筑之美与民俗风情有机融合的形式,向人们展示着素雅秀美江南水乡的生活画卷。

沿着木栈道拾级而上探寻徽州雕花厅。这是一座建成于清中期的徽派建筑,砖木结构,造型别致,设计精巧,布局严谨,外观威严高大,屋角飞檐挺拔俊秀,屋顶铺着黛色小瓦,内视雕梁画栋,富丽堂皇,气势宏伟。这里最引人眼球的是那明亮宽敞的天井,寓意四世同堂,肥水不外流。自古以来,天井与古人生活息息相伴,天井寄托了古人太多的期望和遐想。据称,宅主有着8个儿子,他为每个儿子都建了一套式样基本相同的房子,这种格式和布局在同类建筑中实不多见。在天井的牛脚上雕刻了琴棋书画图案,无疑寄托了主人对儿孙们才学兼备,琴棋书画样样精通的期望,也反映主人世代相传、忠孝仁爱的大家族式的生活方式和奋发自强、好学上进的民风民俗。

这里的楠木厅,建于清末民国初年,是一个药商的宅子。此药商既经营中药,也兼售西药。这种中西交融的经营方式,使他接触了较多的西洋文化,圆弧形的窗及窗角线都是深受西洋式美学的影响,整栋房屋用料多为珍稀的楠木。另外一个引人入胜的奥妙之处,在于宅园"内三层外两层"的结构。在民国初年我国的无名工匠就建造出了错层有致、适合人居的房子,让人不能不佩服当时的设计者和建筑师的聪明才智,不能不说是个建筑史上的奇迹。细细品味,我们仿佛看到从遥远年代走来的徽州先祖,用他们的朴质和睿智谱写了一部徽州文化的发展史,也是江南水乡农耕文明时代传承的生动体现。

这里还有气势浩大的宰相府、议事厅,雕刻精致的进士府邸及古朴典雅、各具特色的明、清时期古民居10余幢。这里的八卦荷花池,根据古人"古文四象"中的图案设计,按八卦图排列,象征八种性质与自然现象,分立八方。园内还有保存完好的明朝万历年间和清朝道光年间的古牌坊各一座,矗立在茂密的树林中,远眺雄伟壮观,恰似一幅古朴天然的水墨画,给人带来无限的遐思和回味。

不远处一座清朝咸丰年间的古桥"水济桥"跨湖而立,湖面碧波荡漾,湖边垂柳轻拂,放眼望去,便成了另一幅醉人的油画,既有雄浑的气魄,又充满着小桥流水的风韵,尽显出生动和飘逸。这些步步皆景的古建筑景观,形成了道道迷人的风景线,使你不用去安徽,就能感受到徽州文化的璀璨与精华。

闻道园,真可谓"波卧廊桥,樵夫曾憩;庭耸碑阙,无限风光",这里的"一草一木,皆历江南烟雨;一廊一柱,尽显徽派风流"。倘徉在古朴迷人的风景里,探觅在妖娆诱惑的佳境中,传统与现代相互辉映,自然与人文相得益彰,这里的文物古迹留着你历史见证,拱桥塔影焕发你青春容颜,古树名木映衬你苍劲伟岸。闻道园里的古建筑,传承的是文化,书写的是文明,感受的是韵味,让人时时激起江南情结与无边乡愁。

访杜月笙藏书楼

杜月笙(1888—1951)出生于浦东高桥,幼年家境贫寒,15岁便跟随同乡到上海闯荡。先是在十六铺一家水果行里当学徒,因人机灵,以削水果出名,因此有人称其为"水果月笙"。后结识上海滩青帮龙头黄金荣,从此堕入黑道。上海"四一二大屠杀",他跟随蒋介石充当了很不光彩的角色。1925年,他与人合伙成立三鑫公司,垄断了法租界的鸦片买卖,并出任法租界商会总联合会主席,同时渗入银行、地产和轻工实业界,成为上海滩最有势力的大亨之一。

发迹后的杜月笙为了光宗耀祖,于1930年在家乡陆家堰买下以杜祠为中心的50亩土地重建杜氏祠堂,并委托当年上海滩上有名的创新建筑商谢秉衡承建。杜氏藏书楼则为祠堂的附属建筑,由张耀亮久记营造厂营建。1931年5月,杜家祠堂竣工,其规模之宏伟,陈设之富丽,可称其时之最。

杜家祠堂是一座五开间三进深的仿明清庙宇式建筑,混合结构,大门两侧雄居威武的石狮子一对。第一进为前厅,设有轿马厅、接待室和账房间等。第二进为正厅,供奉着"福、禄、寿"三仙。第三进设"飨堂",神龛中供奉着杜氏先祖的牌位。所有器物都雕龙刻凤,包括墙砖都有彩绘的戏文。在二、三进的天井上空,都建有新式的玻璃天棚,四周有回廊,宛如欧式皇宫。但遗憾的是,该祠堂主体结构在抗战期间曾毁于战火,藏书楼则得以幸免。两栋建筑耗资50万银元,再加上庆典又花费50万银元,故有"一掷百万"之说。

杜氏藏书楼为祠堂的附属建筑,位于浦东高桥镇南的杜家宅。杜氏藏书楼的主体建筑为两层平顶砖混结构,坐北朝南,庄重而典雅,面积为896平方米,藏书达10万余卷,均为杜氏门人所赠。杜氏藏书楼是中国南方庭院式建筑与西方巴洛克建筑风格的完美结合,属新建筑文化运动的产物。房屋高大气派,外墙门檐、窗框上都有上海浦东老石库门样式的装饰带,纹样多以太阳、禾苗和竹升等为主题,寓意"仓廪实而知礼节,衣食足而知荣辱"(出自《管子·牧民》)。"杜氏藏书楼"五字题匾为篆书,显得稳重和大气。

藏书楼前厅门上的刻花玻璃及地面马赛克瓷砖均为法国进口,故虽经岁月沧桑却依然晶莹剔透。包括排水管道,电闸开关,金属门闩把手等均是当年的原物。上面的英文"推""拉"字样依然清晰可辨。屋顶上的石膏与木线拼接吊顶,工艺考究,至今仍看不出对接的缝隙。纹样多以几何或鲜花香草为主,寓意"书香门第""泽被后世"。内部装潢,包括壁炉、窗帘盒、护墙板均选用名贵木料,地板则是红木细条,至今仍光亮如新,即使遇到梅雨季节也不会受潮变形,可见当年都是经过除湿上蜡工艺处理过的。楼梯护栏为金属框架,装饰有大气的花卉图样,木质扶手线条流畅,触感光滑,民国时期曾有不少名流过往于此。

藏书楼二楼正厅是杜月笙当时用来会客的客厅,正厅前方有门可以通往阳台。中厅顶部的石膏吊顶大气精致,六层花纹无一重复,与一楼的也绝不类同。木质护墙板上有精致的雕花,木质折叠式百叶窗开闭自如,平时不用时,可以折叠进窗户一侧的暗格内,可谓用心良苦。藏书楼内所有房间均为连通结构,能够随时游走到任何一处。一楼通往后院花园处还有一条逃生通道,入口处设在一小房间内。出口处发现有两处,一处在楼后方左侧,一处在稍远处。据说,几年前因通道积水,曾用抽水机对里面抽水,结果三天三夜都没有抽完,可见通道之幽深。

杜氏祠堂于1931年6月7日落成,6月9日举行庆贺典礼,前后耗时一周,各方送来的贺联、贺幛和礼品堆积如山,其中包括蒋介石赠送的匾额"孝思不匮",张学良赠送的"好义家风",何应钦赠送的"世德扬芬",于右任赠送的"源远流长",以及段祺瑞、吴佩孚、曹锟、班禅额尔德尼等人送来的匾额。那天一大早,杜宅附近的几条马路被数万人的仪仗队和贺客挤得水泄不通。前北洋政府两位总统徐世昌、曹锟,执政段祺瑞,军阀吴佩孚、张宗昌,少帅张学良等均前往祝贺。要塞司令部在附近鸣礼炮21响,陆海军、公安局西乐队等一齐出动,梅兰芳、程砚秋、荀慧生、尚小云四大名旦也登台助兴,声势浩大,全国轰动。

有人议论,杜月笙为一介粗人,怎么会与藏书联在一起?其实杜氏虽出身低卑,但他很看重文化,尊重有文化的人。成名后,他一直在努力提高自身的文化修养,其门厅高悬的对联"友天下士,读古人书",就是他的向往。他重金聘请说书艺人长期为他开讲《三国》《水浒》等传统书目,学习历史知识和古人处世方式。他勤练书法,写得一手好字,还非常注重仪表,不论天气有多热,他长衫最上面的一颗纽扣始终扣紧,以示礼貌。他严禁衣冠不整的门徒出入杜宅。杜月笙还广结名流,许多文化界大名鼎鼎的人物,如章太炎、章士钊、杨度等人,都是他的寻常座上客,连教育家黄炎培也是他的好友。上海沦陷后,他还买了不少《西行漫记》《鲁迅全集》等进步书籍,送给法租界的各大图书馆,为广大市民提供抗日救亡的精神食粮,这些都是他向读书明理之人靠拢的表现。除此之外,杜月笙对子女的教育也高度重视,严格要求他们的学业,严禁他们沾染烟赌娼。

1951年,杜月笙寓居香港。临终前,对身边的子女说:"我去后,带我回上海,我想葬在高桥。"但因种种原因未能如愿,第二年他的遗骨被运至台湾,葬在台北大尖山麓至今。

上海解放后,藏书楼由军队接管,并作过部队的办公楼。2002年,浦东新区确定该建筑为文物保护单位。如今,当年杜月笙亲手栽下的一株罗汉松依然矗立在这个院落的正门前,见证着这段历史沧桑。

访登瀛书院旧址

　　登瀛书院旧址，位于崇明东部地区五滧镇中市北侧，系登瀛小学前身。由邑人龚公克宽字涧夫在科举时期的清同治八年(1869)创办，系本区明清时期七所书院之一，迄今已有140余年历史。然而，百年风雨过去了，它仍矗立于当时诞生的地方，似乎时间在它身上已经停止，它以它的方式向后来人默默地讲述着它所经历的风雨岁月。

　　崇明岛自古民风朴实，崇尚文教。"自有崇明在唐朝"，宋代嘉熙年间，就建崇明学宫，随后，书院、义学、学堂遍及全岛，勤于农作的岛民尽力把子女送去读书，耕读文化扎根于深厚的文化氛围之中。当年，龚涧夫为了改善崇明东部地区童生无学可上的面貌，将祖遗启东县永昌沙土地24万步及海门县小安沙工地3万步单边地的地租，全部归公，作为童生中学习成绩优异者在攻读期间的奖励金，并聘请地方上著名学者为辅导。堡镇、箔沙(今五滧、合兴地区)、丰乐、东久(向化、汲浜、陈镇、裕安)地区的寒穷童生、二三十人,每年两次定期来院会试,讲经论典,吟诗作赋,五滧镇便成为下沙的文化中心。据不完全统计,登瀛书院自清同治八年(1869)至光绪三十一年(1905)就有宋苏庵等8位学生考取秀才和廪生。

清光绪三十一年(1905),随着科举应试制度的废除,书院改为学校(即登瀛小学),原来的院舍不够用,于是在原讲堂后增建朝东屋两大间和朝南屋一穿堂两间以及一些生活用房,还租用街南民房一间也作为教室,登瀛小学的雏形基本形成。首任校长叶鸿猷,当时还有社会名人以及地方绅士宋承家先生等10多人组成校董会,掌管学校重大事宜。

1912年,由于学校声誉威震崇东地区,启东学生相继来校投宿攻读。随着事业发展,校舍继续向北扩建,在两年时间里又增添二埭校舍——四教室、一图书室,并报县批准了从初小扩展为七个学级的完小。1914年崇明东部诞生了第一所完全小学。

1936年,登瀛小学诞生30周年,在时任校长张孟坚组织下,举行盛大庆典,白天开运动会以及学生成绩展示,晚上提灯游行,放焰火、出挑竿,并发行纪念刊等,庄重而热烈,可谓东瀛教育之光。

1938年,崇明沦陷于日军,师生流散,学校停办。1939年,沈玉堂等6名爱国志士重整校园,四个班级复苏上课,翌年,镇西刘敬如三复式完小并入本校,学生增至280多人,至1948年又有一批乡塾并转,学生多达320人。1949年中华人民共和国成立,广大翻身的贫苦农民子女涌进学校,至1958年,全校共有13个班,

500多名学生,校舍亦作了调整和扩大,其规模为全公社之冠。

遥想当年(1959年9月至1961年7月)我读五年级时,从四汱小学转到登瀛小学读书至小学毕业。在我的印象中,那时的登瀛书院是校务办公室,四厢房的传统民居,坐北朝南,造型别致,翘角重檐,有正埭屋、厢屋10余间,房屋结构为瓦顶砖墙木架,青砖白缝,墙基深阔,木柱立于础石,花岗石阶沿,七路头拔廊,格子门窗,古朴典雅。庭院内砖石铺地,亭台阁榭,假山喷泉,小桥流水,曲径通幽,花木葱茂,错落有致,布局协调,建筑风格明快。每逢中秋佳节,桂花盛开,满园飘香,沁人肺腑。然而,自20世纪六七十年代以来,随着时代的变迁,旧建筑几经改造扩建,已基本拆除,取而代之的是一幢幢式样新颖的现代化校舍。

近日,我来到阔别多年的小镇——五汱镇,并去了一趟登瀛小学。虽然,小时候记忆中的登瀛小学已经没有了,但是有幸看到登瀛书院旧址,坐落在新校园南侧,现存房屋面阔23米,进深9.5米,建筑面积218.5平方米。据附近的老乡介绍,该房屋在新中国成立前由宋承家先生买下,才得以完整地保留至今。虽因年久失修,残墙破壁,饱经沧桑,但硬山顶小青瓦屋面,古式木门窗,里里外外保存完整,原汁原味江南水乡传统建筑风格风韵犹在。这破旧的房屋虽已人去屋空,但仍然可以想象当年的热闹喧嚣,以及曾经有过的辉煌。置身其间,让人不由得思绪万千,顿生历史感慨,同时50多年前在这里读书时的情景仿佛穿过岁月的烟云飘浮在眼前……

走在书院旧址与一路之隔的新校园之间,环境宜人,氛围幽雅,令人着迷。放眼望去,传统与现代,古典与时尚,装点得富有韵味。校园内的几棵松树根如盘龙,高大魁梧,冠如华盖,茁壮挺拔,绿意盎然,繁茂的枝丫透过校舍楼顶,伸向蓝天,呈现一派欣欣向荣的景象。据称,这是当年建书院时种植的。凝视着这饱经风霜、拔地而起的苍松,恍若有时空错乱的感觉,仿佛莘莘学子比肩而坐,在聆听师长宣讲,蓦然间又仿佛化作支支巨笔,挥洒下一曲又一曲千古绝唱。松树,耸立在校园内,守望着风雨春秋,叙述着学校的发展,记载着学子的辉煌,也浓缩了历史的沧桑。从而让我们进一步认识到古建筑保护的意义和价值,更使我们敬畏和珍惜古建筑的历史文化以及给后人提供复古、怀旧、记住乡愁的精彩华章和情境体验。

　　走出校园,学校门前的那条小河,河水清清,静静地从前方淌来,又默默地流向远方。那执着流淌的小河拨动着河边一片片青青的芦苇和一簇簇争芳斗艳的野草花,在微风中摇曳着,虔诚地欢送着河水前行。沿着河沿漫步,一幢幢造型别致的农家小楼以及那绿树花草河堤倒映水中,在阳光下,水波荡漾,金光耀眼;偶遇白鹭出没,悠闲踱步,水鸟掠过水面,溅起一串透亮的水珠,一切都是那么自然、古朴、纯净。慢慢欣赏两岸美景,闻花香,听鸟鸣,呼吸着清新的空气,体验着静谧,一种古朴纯真的生活情感顿时充满故乡游子的胸中,流淌进我的血液里。在与乡亲们的交谈中,浓浓的家乡口音,顷刻将我带回到了小时候的学校,此时,我怀念我的童年,我格外怀念我学生时代的老师同学,更怀念建立在登瀛书院旧址上的登瀛小学。

附：登瀛书院自清同治八年（1869）至光绪三十一年（1905）的书院史中，崇明东部人才辈出，据不完全统计有下列几名：

宋荔庵　考名承家，考取秀才后继续深造得中副榜举人放官为绍兴县知县　住向化镇河角当时为丰乐乡　今属向化

吴锡珩　字楚珍　秀才　住四溆镇河东当时为箔沙乡　今属五溆

龚子昌　法名穆　秀才　住四溆镇河西当时为箔沙乡　今属五溆

施尔康　　　　秀才　住鲁玗镇南市当时为箔沙乡　今属合兴

顾贻孙　字也丰　秀才　住五溆镇河西当时为箔沙乡　今属五溆

郁楚丰　　　　秀才　住永隆镇对南当时为东久乡　今属裕安

郁禹颇　　　　秀才　住永隆镇对南当时为东久乡　今属裕安

沈洵高　字铭甘　廪生　住五溆镇东市当时为箔沙乡　今属五溆

广福讲寺巡游记

广福寺又名广福讲寺,坐落于崇明岛东部中兴镇东首,七滧河西侧,人称"长江第一寺"。

从上海长江隧桥崇明出口沿陈海公路继续西行约4公里,到七滧港大桥,便可望见广福寺的大殿屋脊。走进寺院,这里绿树婆娑,古木参天,遮荫蔽日,鸟语花香,景色宜人。放眼望去,黄墙古建筑,正面并列着三扇拱形大门,拱门上的"天王殿""广福讲寺""长江第一寺""咸丰最初香"等大字光鲜夺目,广福讲寺显得雄伟壮观,别具一格。

广福讲寺建于清咸丰年间,前身为"武圣殿",依崇明七滧河西而建。寺院道风纯正,寺僧学始天台,行归净土,持戒精严,寺内终年香氲缭绕,信众和游客不断。1921年更名为广福。1946年南迁中兴镇,位于陈海公路南边,七滧河西侧。1989年,时任中国佛教协会会长赵朴初视察崇明,借此胜缘,广福寺开办了上海佛学院二部。为使学院丛林化,香港吴剑青、山西岳兆礼等大护法慨施巨资,1993年起建教学大楼、生活大楼等设施。2005年3月27日,广福寺隆重地举行了钟楼落成暨藏经楼奠基典礼,来自市、县政府部门及佛教协会的领导、海内外诸山长老、各界嘉宾近千人出席了庆典活动。广福讲寺成为崇明岛东部地区的重要佛教活动场所。

广福讲寺自创建以来,高僧云集,文人荟萃,留下了许多动人而神秘的传奇故事。寺内存有不少年代久远的佛像、法器、经幢、字画等历史文物。目前广福讲寺常住僧人、居士有30多位,寺院主要由天王殿、大雄宝殿、玉佛殿、观音殿、地藏殿、药师殿、三圣殿等建筑所构成,共占地30亩,殿宇恢宏,建构有序,布局合理,环境舒适,以使僧人们安心修行,香客和游人可常年自由自在地来朝拜和游玩。

广福讲寺与白墙民居相映和谐,僧俗为邻,相安共处。进得广福讲寺,清静整洁,飞檐翘角,雕梁画栋,别致精美,辉煌庄重。宝塔状样的香炉,袅袅青烟在其间浮荡缠绕。佛殿雄伟,法相慈悲,佛光熠熠,透着灵气。这里阿弥陀佛佛像高大,四大金刚侍立两旁,观世音菩萨手持柳枝,大慈大悲,福泽人间。佛庙里香客不断,香火旺盛,庙里备有功德簿、功德箱,接受香客布施,充满了清静和谐的气氛。寺内翠绿的树木和艳丽的花卉交相辉映,衬得庄严佛地更为幽雅秀美。寺庙东侧有一条南北流向的七滧河,河水清澈,水缓波平,在阳光的照射下,闪耀着粼粼波光,宛如一幅壮美迷人的油画。站在寺庙的至高点,还可饱览神奇的长江翻滚波浪奔向大海。

近年来，广福讲寺以弘扬佛教与传统文化为宗旨，广泛开展形式多样的传统文化活动，推动广福讲寺佛教文化活动的不断创新，信众纷纷前往朝拜，香火旺盛，佛事众多，以使广福之名享誉岛内外，佛光慈悲普照大千。

每逢佛圣诞等重大节日，来寺院敬香礼佛参加法会佛事活动者更是如潮涌至，络绎不绝，云集于此。其时，大批香客涌进广福寺，大大繁荣了当地的香市，寺院外布满了临时摊位，各类商品应有尽有，琳琅满目，寺院内外攘攘拥拥，人头攒动，热闹非凡，满大殿是诵经声和缭绕的香烟。

漫步在梵音回荡的广福讲寺内，在那回旋不息、平缓和谐的诵经声中，使我领悟到了人的生命并未缥缈虚无，古刹以出世入世的两种方式，同时不断地提醒和告诫人们，一个人活着，必须首先认真地思考，到底做怎样一个人，或者说，你应该怎样地活着，才对得住珍贵的生命。

身临其境，让人感到佛无国界，佛乃服务，佛在身边，佛在心中。面对那宝鼎耸立，玲珑雅致，香炉里袅袅香烟，烛亭内闪闪红光，耳闻僧人的诵经声和信众的祈祷声，细细品赏，不由令人心生敬意。这里的僧人或在念经做佛事，或在接待香客，轻声细语。这里的僧俗相见，合十点头，彬彬有礼，佛凡两界，如同一体，闹市不喧，佛地不玄，给人一缕世外桃源的静谧。这里可谓是净土宗风，利乐有情。这里充满着哲理和无私无畏无怨无我的奉献精神。这里寄托着人们祈盼嘉神、安定的美好愿景。

访高氏贞节牌坊

　　高氏贞节牌坊,位于崇明堡镇正大街148号,建于清乾隆年间,迄今已有近300年历史,为临街坐西朝东,四柱三间三层格局,楼阁式,花岗石料。它是一座完全被嵌到房子里面的牌坊,成为房子墙面的一部分。它的主柱也成了房子的支架,具有一种巧妙的建筑风格和独特的稀有装饰。据《崇明县志》卷十七(人物志三·贞节·历代旌表贞节):"高氏,陈平策妻……乾隆三年题旌。"另据嘉庆《大清一统志·太仓直隶州》"黄天一妻沈氏"条目:"陈平策妻高氏……俱乾隆年间旌。"崇明《陈氏宗谱》记载:"四支·舜道分",迁崇第14世"平策,谏章,高氏守节,入志建坊"。陈平策系明代崇明籍书画家陈嘉言(可彰)玄孙。如今的古牌坊,坚硬的花岗岩表面已有些风化,因此更显历史沧桑,并吸引着众多游客前来寻幽怀古。2017年3月,此牌坊被上海市崇明区列为不可移动的文物。

　　初夏的一天,我沿着堡镇老街来到这里,一眼望去,高氏贞节牌坊高高耸立,坚实挺拔,质朴恢宏,古意沧桑。由于饱经风雨,年久失修,这里除了原先镶在最高处的旌表匾还保留着,坊额刻有"皇庆旌表"和陈平策之妻高氏之坊二匾,能隐约可见,下面两块石坊上的文字模糊不清,难以辨认。但是花纹却十分完整,看得出有双龙抢球,还有狮子玩绣球之类,造型凝练,刀法流畅,线条明快,精巧雅致,形象逼真,惟妙惟肖,充分显示了古代石匠深湛的技艺。牌坊布局严谨,清幽雅静,然而,在底层的墙面上开了一扇窗,木头的窗框和牌坊组合在一起,有种后现代的效果。如把古牌坊和牌坊里发生的故事串联起来,自然有了历史时空的沧桑感。

贞节牌坊,是封建社会遗留下来的历史产物,其中宣传的"男尊女卑"和"夫为妻纲"的思想观念,应批判和摈弃。

走出牌坊,回首望去,牌坊傲然挺立,巍峨壮观,与沿街一片风姿绰约的老街建筑融为一体,不由顿生历史感慨,让人浮想联翩……

聆听小镇沧桑

夏日的一天,来到阔别多年的小镇——五㵲镇,目及所至,小镇虽然历经沧桑,却依然迷人,依旧保持着属于它的那一份厚重、古朴、幽静……这里最吸引我的是登瀛书院旧址和云林寺。

五㵲镇位于崇明堡镇东约 4 公里处,是一处乡间小镇,东西走向,近 200 米长,在乾隆年间,原五㵲镇因海塌后迁至这里,故也称"新五㵲镇"。如今的小镇老街已是农家小楼林立,原先的商铺和集贸市场已搬至河西的合五公路两侧,老街显得有些清静。街巷悠长而狭窄,街道两旁的几处老屋灰墙凋败,厚厚的青砖受岁月侵蚀,显得有点斑驳,老屋上的门槛和柱头雕刻的祥瑞云纹早已破裂,过去热闹的场面已物是人非。只有镇老街北侧的登瀛小学校区,这里有着现代化的教学大楼,环境优美,设施一流,生机盎然,令人鼓舞。

登瀛小学,其前身登瀛书院,创办于 1871 年,迄今已有 140 余年历史。1949 年中华人民共和国成立后,改名为登瀛小学。

遥想当年,我在这里上学。在我的印象中,那时的书院是四厢房的传统民居,有正埭屋、厢屋 10 余间,房屋结构为瓦顶砖墙木架,青砖白缝,墙基深阔,木柱立于础石,七路头拔廊,格字门窗,古朴幽静。庭院内假山喷泉,绿树掩映,颇具规模。然而,自 20 世纪六七十年代以来,几经改造,学校的老校舍已拆除,书院老屋破败不堪,留下遗憾。

五㳠镇西侧靠四㳠河旁,有一座始建于清代初期顺治年间(1644—1661)、迄今已有 360 多年历史的云林寺,共有寺房 24 间,建筑面积 866 平方米,占地面积 2 539 平方米,规模虽不是很大,设施却很齐全,当时,在崇明岛上颇有声望。传说清代乾隆皇帝之师崇明沈文镐[字绍歧,雍正十年(1732)中进士,殿试一甲第三名探花及第,崇明人一般都称之为沈探花]回乡恰逢云林寺翻建,他回京后请乾隆皇帝御笔写了一个"福"字赐给了云林寺。该匾额悬挂在祖师佛像上边梁上,在合作化时期被毁。1950 年,云林寺被学校占用。1958 年因开四㳠港兴修水利,云林寺被拆除一大半寺房,两棵有 300 多年历史的古银杏树也被挖掉。到 1966 年开始的"文革"中,寺遭全毁。

1988 年 4 月,崇明县政府宗教主管部门同意云林寺作为佛教活动点。自 2000 年起进行重新修建,现在的云林寺已颇具规模,全寺目前占地面积 13 亩,建筑布局合理,规划井然有秩,庙貌焕然一新,山门朝北,紧挨着公路,两边是碧波荡漾、河面开阔的四㳠港大河,交通方便,环境舒适。整个寺院清静整洁,飞檐翘角,雕梁画栋,工艺精湛,辉煌庄重。佛殿雄伟,法相慈悲,佛光熠熠,山门两侧写一副对联"云林复苏香烟缭绕,佛光普照国泰民安",似在祈祷祖国繁荣昌盛,护佑百姓安居乐业。寺内翠绿的树木和艳丽的花卉交相辉映,衬得庄严佛地更为幽雅秀美。每逢佛期圣诞等重大节日,来寺院敬香礼佛参加法会佛事活动者络绎不绝,云集于此,香火旺盛,秩序井然。云林寺成为崇明东部地区的一处较有规模的佛教活动场所。

漫步在梵音回荡的寺庙里,在那回旋不息,平缓和谐的诵经声中,使人领悟到了人的生命并非缥缈虚无。古刹以出世入世的两种方式,不断地提醒和告诫世人人生的意义。

夕阳西下,老乡正荷锄回村,零星几缕炊烟袅袅升起,小镇笼罩在祥和的余晖里,沐浴在晚霞中,安详、静谧。在我心目中,小镇就是一部厚重的线装书,积淀着这里的沧桑历史和挥之不去的诗情画意。我认真地读了它,但似乎没有读懂,也没有读透。

暮色里,走出小镇,合上这本古书,但见田野碧碧,河水潺潺,原野茫茫,无穷无尽。我仿佛从历史的旧影中寻找到了一种浓浓的乡情,一种永恒的慰藉。有效保护和合理利用小镇,才能延续她的历史,留住她的根。

古意盎然广富林

位于松江新城区方松街道的广富林文化遗址,坐落在佘山南约4公里,至今已有几千年历史,是一方古老神奇而又美丽非凡的土地,这里除了悠久历史和古建筑之外,更多地还飘逸着浓郁的文化气息。

进入园内,最吸引眼球的是三幢巨型的宫殿般建筑,半裸漂浮在波光潋滟、檐影微落的富林湖面上,三角形斜坡的屋顶,线条流畅,气势恢宏。时下正值炎炎夏日,湖岸边树影婆娑,清风阵阵,"天然氧吧"空气新鲜,沉浸在风景如画的历史文化长卷里,让人仿佛有置身人间仙境的回味。

走进广富林文化遗址博物馆,恍若引人走向远古。整个博物馆分水上观光台和水下展厅两部分。展厅内陈列有自20世纪50年代末广富林出土的各种文物,还有发掘现场模拟演示和藏宝室等配套设施。从考古记忆到部落生活,从唐宋时期的城镇风貌到明清年代的民间纪事等,数千年历史脉络尽揽于此。

园区入口处,一座犹如古代烽火台的石垒赫然矗立,这是闻名遐迩的富林塔。漫步园区,知也寺古韵悠扬,相符桥横波静卧,古朴典雅,令人心旷神怡。踏着青石甬路,行至广富林文化遗址中央广场,映入眼帘的是一枚巨大的骨针,象征着先人缝被制衣、编织渔网的工具,这是广富林遗址的代表性遗物。广场上那精粹匾额、精彩楹联、精湛雕刻,不时跃然于砖石建筑物上,濡散着古韵浓厚的翰墨书香,文化浸润无处不在,让人流连忘返。

穿过骨针广场沿着一条用石磨铺就的小路,向北望去,一片芦苇荡随风摇曳,赏心悦目。这里是10万平方米的"上海之根"古文化核心保护区,种植着荷花、水稻、玉米、桃、梨、黄豆、芝麻等多样作物,一群鸟儿在上空翱翔,凸显远古时代的农耕、生态文化,呈现一种原生态生机盎然的田园风光,宛如一幅浑然天成的立体巨型山水画镶嵌在天地之间。据介绍,经考古勘探和研究确认,这里是遗址的主要埋藏区,地下有着丰富的古代遗存,蕴含着更多的未解之谜。

徜徉在修旧如旧、古意盎然的古建筑中,有一种梦幻般的穿越,涵盖文化交流中心、演艺中心、历史沿革的文化展示区充满魅力。明清风格的城隍庙、关帝庙、文昌阁,以及富林印纪、木艺传承展示馆、古陶艺术馆、朵云书院、墨宁国乐、顾绣、竹编等各类展馆和景点,错落有致,处处洋溢着特有的古文化气息。

广富林文化遗址园区内,河道纵横,碧水秀堤。站在桥头,看那盈盈绿水,有时静静的,温情脉脉;有时微波荡漾,动人心弦;亭台楼榭,绿树繁花倒映水中,仿佛水墨画卷,美不胜收。天蓝、云白、水碧,人的呼吸与河水自然流动,犹如神秘对话,充满无限想象,是放飞心情的好地方。

广富林停泊着祖先的梦境,飘动着未来的憧憬。广富林文化遗址,记录着城市历史变迁的文化地标,是上海的历史之根、文化之源,它连接着昨天、今天和明天。

长兴岛上缘觉寺

上海长兴岛历史不长,佛教传入长兴岛则有百年的历史。20世纪二三十年代时,岛上曾有四处仅用芦苇和稻草搭建的土庙。那时候,这些乡间土庙,由于海岛闭塞,交通不便,规模极小,平时做佛事的不多,香火也不旺。那时的土庙主要用于祭祀土地之神,或放施食的场所,每年都要举行隆重的祭祀活动,祈求五谷丰登,并感恩土地生出万物供人类生息享用。"土能生万物,地可发千祥"说透了世代相传的道理,也说明了土地给了人类一切,土地才是人类的命根子。

但当时的长兴岛由石头沙、潘家沙、瑞丰沙、鸭窝沙、金带沙、圆圆沙等诸小沙组成,全是围垦的土筑大堤,又地处江海交汇处,常常遭遇大潮大风时,江水泛滥,冲毁堤岸,淹没良田,导致颗粒无收。因此,人们为了祈求菩萨保佑海岛风调雨顺,粮食丰收,百姓安康,每年农历六七月份(没有固定日期)水稻等农作物成熟期,又是台风、虫灾、干旱等灾害的多发季节,乡民们都要自发地举行"出会"(乡间方言,意为"庙会")。出会时,村里挑选几位身强力壮的青年男子,将土庙里的菩萨和香炉抬出庙门,点燃香火。出会队伍,由一位身穿彩服的长者领着,敲锣打鼓、吹喇叭开道,从四面八方赶来看热闹的人们聚集相随,声势浩大,气氛热烈,排着长长的游行队伍,吹吹打打,走街串巷,来到街巷、宅前、田间岸边,祈求佛菩萨保佑海岛百姓安居乐业,生活美满,没有灾害,年年有个好收成。

由此可见,长兴岛上这一富有泥土气息与浓郁地方色彩的民间习俗,积淀着海岛传统文化的精髓,它不仅是为了祭神和消灾,更是寄托了海岛人民祈盼幸福、安定的美好愿景。然而,由于这些寺庙设施简陋,严重失修,破败不堪,有的早在20世纪40年代就遭海坍淹没的厄运,有的因战火纷飞而废弃,仅剩下一座在当时的厚朴镇东约200米处的"猛将庙",解放初已停止佛事,50年代至60年代初被生产大队当作办公场所,后在"文革"期间被当作"四旧"而拆除。从此,长兴岛上没有了寺庙,更是没有了佛教道场,停止了出会、做道场、放施食、烧香拜佛等民间宗教和传统文化活动,使岛上居民佛教信仰生活难以实现。

1978年12月,党的十一届三中全会后,民族宗教政策逐步落实,长兴岛上又恢复建起了寺庙,使沉寂多年的宗教文化和民风民俗也得到了挖掘整理和保护。"缘觉寺"是目前长兴岛上仅有的一座佛教寺院,是在原建于20世纪90年代初(1994年)的"垂珠园"旧址上经过10多年分阶段改造,而重新建起的佛教寺院。2012年10月22日正式落成,取"缘觉"为寺名,乃是循佛祖

"因缘而觉,缘佛成觉"之教义耶。

缘觉寺坐落在长兴岛中部的凤凰镇先丰村,毗邻公路,进出便利,因此也带旺了此地的香火。园区庭院,青瓦黄墙,长廊弯曲,飞檐翘角,雕梁画栋,精美别致,庄重而辉煌。寺院四周,树木苍翠,婆娑逶迤,与院中花卉交相辉映,衬托出佛地的庄严和肃静。寺内步道蜿蜒,小桥流水,曲径通幽。那耸立的宝鼎,玲珑雅致;祭台前素肴素果,香炉里香烟袅袅,烛亭内红光闪闪,僧人的诵经声和信众的祷告声,此起彼伏,错落有序,让人不由得心生敬意。

高达6米、通体洁白的观世音菩萨,2014年9月落成并开光,目前是崇明地区最大的露天佛像,耸立在寺院的亭台楼阁、假山水榭间。在光照下,佛像周身隐显出一缕蓝色的光,宛若围在身上的轻纱佛袍,在风中优美地飘动,惟妙惟肖,楚楚动人,有万般慈祥之感;蓝光上是明亮的天空,空中飘浮着一层薄薄的云彩,似佛光返照,照彻了过去,照彻了今世,也照彻着未来的极乐世界。据称,缘觉寺建筑,是按照苏州园林和历代寺庙风格融为一体设计建造的亭阁式景观,将江南水乡的传统建筑艺术发挥得淋漓尽致。寺院内有天心阁、观音殿、天王殿和山门,还有彩绘长廊,文化内涵深厚且丰富,吸引着众多的香客和信众去作美好的遐想……

缘觉寺占地面积5 200平方米,建筑面积为1 500平方米,虽历史不长,规模也不大,但寺内大小殿宇排列对称整齐,布局规划严谨,清幽雅静,香火颇旺,尤逢农历初一、十五,及释迦牟尼诞生、出家、成道的纪念日及观世音菩萨诞生、成道、出家之日,前来进香礼拜的善男信女络绎不绝。另按当地习俗,岛上人过世后,往往要请寺院法师做法事。因此缘觉寺也成为当地人做佛事的场所。那天,我们在寺院参观时,正遇上一户人家在院内做佛事,他们身穿孝服,满脸的虔诚,那既庄严安宁又恭敬温馨和简朴的情景,令人印象深刻。

当今国泰民安,盛世兴教。缘觉寺,因缘而觉,缘佛成觉,香火鼎盛,善男信女们近悦远来,发心护持,祈福祈寿,离苦得乐;寺庙法师,慈悲守候,红尘做伴,济度众生,共创和谐,功德无量。

走出寺院大门,回首望去,广场宽大,视野开阔,绿树掩映下的缘觉寺,清砖、黛瓦、黄墙、小巧玲珑、整洁而清丽,庙门前碧波滢滢,溪水似练,在阳光下闪耀着粼粼的波光。极目远望,蓝天似明镜亮丽,大地似碧毯覆盖,河水似丝带飘逸,周围橘树翠绿,橘香四溢,真是难得的一片田园好风光,更是一处向善祈福,远离喧嚣,静聆心灵,品味海岛佛教文化的好地方。

崇明岛碑名记

近日,我到上海市瀛洲壁画艺术研究院采风,院长邱振培送我一副"崇明岛"三字的书法作品,我顿时愣住了,这与耸立在崇明南门海塘边那块石碑上的三个字何以如此相像呢?他笑而直言告诉我那石碑上崇明岛三字是他书写的。我问何以未曾落款?他说:"那是 2000 年,崇明县政府为提升崇明岛的知名度,准备在南门海塘边立一块石碑,于是就在全县范围内的本地人中公开征集书法作品。为显示评委们公平公正有效评选,送审的应征作品都不署名,以免被打上人情分。后经评委们几轮评选结果,此件作品荣获一等奖,并作为碑名被制作成石碑立于崇明南门港东侧的海塘边,人称'海塘碑',中共崇明县委办公室还为我颁发了荣誉证书。"

那块矗立在南门景观廊道广场平台中央的巨石海塘碑,高 6 米,宽 1.8 米,重约 10 吨,是从河南焦作运过来的,富有景观美感。从此,人们只要坐船到南门港,远远就能眺见这块貌似崇明岛地形的巨石上所刻的"崇明岛"三字大石碑。如今许多人来崇明，都会在此石碑前留影。该作品及碑名还刊登于 2011 年《人民画报》的封面，从而使崇明岛及其碑名书法名传海内外。

许久以来，我一直都搞不清这块巨石上"崇明岛"三字的来历及究系何人所写？如今总算解了心中之悬念。同时，还得知，当时为参加评选，邱振培一共书写了 20 幅作品，这次他送给我的这幅"崇明岛"碑名书法作品是其中之一，因此更显珍贵。作品上有完整的参赛名称、作者落款及印章。细细品味，真给人以美的享受和艺术感染力……

邱振培系崇明人，自幼天资聪颖，勤奋好学且酷爱书画，凭着兴趣和执着，学生时代就小有名气，令人刮目相看。长大参加工作后，曾担任过崇明沪剧团舞台美编、设计和团长等职。他矢志不移，临池不辍，集诗书画印于一身，楷、隶、行、草、章、篆等无不精通；在画艺上，油画、水彩画、国画都是挥洒自如；人物画、花鸟画、山水画都画技出众。在篆刻方面也颇俱功底，刻下了数千方印章，这使他的书法作品不仅立意高远，而且影响深刻。为追求艺术，邱振培曾先后进入上海市书画院的学习深造，得到了名家丰子恺弟子、著名书画家茅雨亭等老师指点。因此，他的作品往往构思独到，不泥古法，自成风格，风韵洒脱。

如今，邱振培以自己的扎实功底和高超艺术取得了可喜的成果，他的书画作品屡屡在市区和全国书画比赛中获奖并展出，2000 年被中国绘画年鉴艺术评审委员会评定为一级画师，从此声名远播。

有道是，名师出高徒，高徒出名家。这幅"崇明岛"碑名书法作品，使人既能看到作者扎实的书法底蕴，更能让人从中了解到崇明岛文人墨客厚重的艺术素养，是值得欣赏和珍藏的艺术精品。

滨水独宅古民居
——观赏著名爱国商人倪葆生故居

倪葆生(1884—1958)是我国民国时期著名的爱国商人,他持股经营的堡镇富安纱厂,曾是崇明地区最早、规模最大的民营企业之一。倪葆生也是崇明爱国实业家杜少如先生的表兄。今上海交通大学设有倪葆生奖学金(系由家属捐资建立),以奖掖后生莘莘学子。倪葆生故居现位于崇明堡镇财贸村870号,2015年被列入上海市第五批优秀历史建筑名录。

崇明岛虽有1400年历史,但由于解放前历年西塌东涨的地理因素,保存下来的古建筑少之又少,加之海岛四面环水,信息闭塞,仅存的古建筑都是明代江南风格。

倪葆生故居是崇明岛上遗存不多的古建筑。故居建于1927年,占地面积1391.5平方米,建筑面积944平方米。故居纵深约63米,侧宽约23米,坐北朝南,均为平房,系四进三院砖木结构全封闭式院落。宅邸东、西、北三面环以防护沟,计房屋29间,白色粉墙面，小青瓦人字形屋顶，筑有冬暖夏凉的重檐走廊和精细的木门窗、庭柱、檐口滴水青瓦上有花边和吉祥图案；圆石垫脚，有条石铺就的滴水阶沿；有丰满的观音兜山墙，高翘的哺鸡脊，古朴典雅。故居墙门高矗，砖雕步尖，斗拱飞檐、四角高翘，十分壮观。门楣上方镶嵌有清末秀才施保昌书写的"承先启后"匾额，彰显出主人处世立身的价值追求；匾额上方有古人迎送砖雕，工艺精细，人物造型清晰，栩栩如生；门楣下方是合扇头墙门，中有赤铜拉手门环，典雅气派；故居两侧连接东西厢房，具有传统江南水乡的建筑风格，也是崇明地区典型的"滨水独宅"式民居。

解放后，该故居先是被部队驻扎，后作财贸中学师生宿舍、渔业公社办事处、县粮仓等使用，得以完整保留。但由于时代局限，疏于管理，原建筑部分构件均遭虫蛀、腐损严重，局部屋面已坍塌，走廊亦被拆除。前些年，我曾踏访于此，满目疮痍，破败不堪。但这沉默孤寂的老屋，却弥漫着让人回忆的气息。

自2018年至2020年8月，崇明区政府对故居进行保护性修缮。按照"修旧如旧、以存其真、严防赝品"的原则，设计者和工匠们经过千寻百觅，精挑细选，来到同属江南水乡的苏州购置拆房旧木料、瓦塄、地砖等材料，并采用当年的传统工艺对"籽筋灰"墙面、铆榫构件等进行修复，体现了旧建筑的岁月价值，引发人们对古宅的追忆，让后人透过砖瓦梁栋寻梦知史。

漫步在岁月留痕的故居前，举目四望，故居全景尽收眼底。秋阳下的故居高低相间，明媚秀丽，灰砖白墙，素雅大方，坡顶飞檐,精致玲珑,端庄中透着秀逸。进入故居,宁静舒朗,古意盎然。首先映入眼帘的是进门当道一堵立面砖雕照壁,漏窗上有青瓦拼砌成的中国传统风格的8字结图案,漏窗缝隙中隐约可窥院中绿树花卉,尽得透景之妙。宅院沿用传统造法,讲究伦理,重视功能,房屋宽敞舒适,结构精细,造型别致。墙门、穿堂、天井、回廊,彼此相连,前后贯通,对称均匀,浑然一体。这里庭院深深,青砖墁地,院落、连廊、条石、地砖、水井,布局精巧,错落有致。故居山墙上那大小适中、轮廓优美、精致得体的观音兜和墙角相对、昂首挺立的哺鸡脊,显得雄壮、威武,为整个宅院平添了几分庄严和神圣。故居各个房间修缮如旧,卧室、厨房、厅堂、辅房等一应俱全,再现当年情景。院中的花卉苗木,造型优美,艳丽多彩,光鲜夺目,那汪井水,清澈见底。故居那独特的取材,巧妙的构思和别具风格的造型,仿佛一件件精美的艺术品,流淌着岁月的沧桑,传递着人文的兴衰,散发着浓郁的江南传统建筑文化的气息和韵味。睹物思故人,仿佛主人尚未远离……

宅院四周,林木葱茏,鸟语花香。据当地老人回忆,故居周围原有玉兰、桂花、桃树、樟树、榆树等多种花木果树,每到金秋时节,果实累累,满宅飘香。但因时代变迁,基本都已枯死,唯有那棵位于宅院西侧沟边的老榆树(据说系主人当年建房时栽种),虽历经沧桑,仍树根苍劲,树径苗壮,高大挺拔,枝繁叶茂,见证着故居所经历的岁月,静静地诉说着年轮之沧桑。驻足望去,不禁浮想联翩,心中泛起阵阵涟漪。宅沟岸边,苇草叠翠,宅沟水面,清澈泛碧,与倒影、嬉戏的水鸟相映成趣,透露出一派秀丽古朴的鲜活生机。

  这里的古树名木,在翠绿的枝叶,艳丽的花儿掩映中显得格外雅致,洋溢着亮丽而洁净,焕发出新的活力,让故居增添了几份诗情与画意,绽放出别样的光华。

国歌的震撼

国庆节期间,来到位于杨浦区大连路长阳路的国歌纪念广场参观,受到爱国主义教育,心灵得到了一次洗礼,让人激动和感怀。

2009年9月25日,国歌广场纪念馆在《义勇军进行曲》的诞生地落成开放。建成的国歌展示馆,建筑面积1 450平方米,由序厅、国歌诞生厅、国歌纪念厅、"我"和国歌厅、国歌震撼厅以及世界各国国歌厅六部分组成。展示文物和历史照片470余件,是全国第一个以国歌为主题的纪念广场和展示馆。

《义勇军进行曲》是中华人民共和国国歌,由田汉作词、聂耳谱曲,诞生于20世纪30年代中华民族生死存亡的危急关头,是近代中华民族反抗帝国主义侵略,争取民族独立解放的战斗号角。它曾是第一部反映抗战题材的影片《风云儿女》的主题曲。"九一八"事变后,为了唤起民众抗日,中国共产党领导下的"电影小组"于1934年春在上海建立左翼影片拍摄基地——电通影业公司。时任百代音乐部主任的聂耳创作出《大路歌》《毕业歌》《码头工人歌》以及《金蛇狂舞》《翠湖春晓》等著名歌曲、乐曲,《义勇军进行曲》也是在这一年诞生的。1935年,一批左翼电影人来到荆州路拍摄电影《风云儿女》。影片制作过程中,上海百代唱片公司灌制了第一张《义勇军进行曲》唱片,并将该录音同步转录在电影《风云儿女》胶片上。同年5月,《风云儿女》在金城大戏院(今黄浦剧场)首映,从此《义勇军进行曲》响彻中华大地。

走进偌大的国歌纪念广场,感到这里显得肃穆庄严。在一楼序厅,首先映入眼帘的是一面以巨大的五线谱为背景的弧形国歌屏风墙,墙面上有当年荆州路电通公司、金城大戏院、上海百代唱片公司的浮雕画面。

在国歌诞生厅,通过图片展板、实物,并运用多种先进的声光电技术,翔实地反映国歌诞生的历史背景,以及通过人物蜡像、雕塑等,为观众再现影片拍摄时的场景。

在国歌纪念厅,不仅有《义勇军进行曲》各种版本的历史唱片,还有词曲作者田汉、聂耳的家属捐赠的《义勇军进行曲》创作手稿等珍贵资料。

在国歌震撼厅,360度环形影院正在放映《国歌》纪念片,人们可以强烈地感受到,在激昂的《义勇军进行曲》烘托下,烽火连天的战争环境中,军阀混战以及日寇铁蹄践踏我们祖国山河的一幕幕触目惊心的历史画面;苦难深重的中华儿女衣不遮体、妻离子散的悲惨情景;战场上,抗日将士与敌寇浴血奋战、顽强拼搏的英勇气概;中华人民共和国成立后,在中国共产党的领导下,国家不断强盛,人民物质生活文化水平不断提高的灿烂成果。

在"我"和国歌厅,轻轻点击不同的视频画面,便可聆听到《义勇军进行曲》作者的家属、英烈后代、运动员代表、文艺界人士、普通百姓、外国友人等讲述他们与国歌之间不同寻常的故事。

在世界各国国歌厅,观众通过电子世界书,可查阅了解与我国建交的170多个国家的风土人情,以及欣赏到各国国歌、国旗、国徽、国歌故事等图像视频,让人一饱眼福。

这一幅幅生动感人的图片,一篇篇弥足珍贵的资料,一件件凝聚着深情的实物,真实地展现了《义勇军进行曲》波澜壮阔、风云激荡的诞生经历和历史功绩。

然而,这首深受全国各族人民爱戴和喜爱的国歌曾经历过一次改词的曲折风波。1966年2月,"文革"前夕,因田汉被错误地定为"反党反社会主义分子",因人废言,自此之后的十多年时间,由田汉创作的国歌歌词也不能再唱,实际上被废止了,在正式场合只能演奏国歌的曲谱。"文革"结束后,受极"左"思潮的影响,将国歌歌词作了修改,但改编的新歌歌词从变更到恢复前后仅四年多(1978年—1982年)时间,因为它是特定历史条件下的特定产物,既不符合中国的真实国情,也不符合广大人民的意愿和心声,所以只能作为一个插曲留在那段风云激荡的历史中了。

经历了70多年的风雨沧桑,《义勇军进行曲》早已融入了中国人民的血液,化为中华民族的灵魂。这首歌伴随着中国人民赢得了国家独立、人民解放、建立了新中国,取得了社会主义现代化建设特别是改革开放的伟大成就。在新世纪的征途中,《义勇军进行曲》将永远鼓舞着中华儿女坚定的民族自信心,增强历史使命感和责任感,投身中华民族伟大复兴的宏伟事业,让中华民族永远屹立于世界民族之林。

　　走出国歌纪念馆,我徜徉在国歌广场上,这里,绿树掩映,绿草如茵,环境雅致。悠闲的居民,在广场散步、观光,满脸笑容。广场上的国歌纪念雕塑,高高地耸立着,在阳光的照耀下,显得格外灿烂而宁静。此时此刻,我既感觉有团火在胸中燃烧,在沸腾,又仿佛心如湖水,宁静而淡泊。"起来,不愿做奴隶的人们,把我们的血肉,筑成我们新的长城……"听着这熟悉的旋律和那明快豪迈、充满信心的歌声,让人心潮澎湃,无比自豪。《义勇军进行曲》永远在我心中行进。

游提篮桥下海庙

下海庙,位于虹口区提篮桥附近的昆明路73号,与海门路交汇处,坐北朝南,临近北外滩滨江。有着近300年历史的下海庙,历经荒塌和日军炮火焚毁,进行过多次重修。又经1990年以来的几次扩建和改造,目前,已按明清建筑风格建造了大雄宝殿、藏经阁和生活楼、天王殿、钟鼓楼及东西厢房等,建筑面积8 380.2平方米。2006年,被上海市虹口区人民政府公布为虹口区纪念馆。

下海庙,始建于清乾隆年间(1736—1795),是当地渔民、居民为祈佑平安,奉祀海神的民间神庙。由于庙宇近海,沿海百姓崇拜护海神妈祖,因此,也以天妃娘娘及其他地方神一起奉神祀在庙中。

有关海神,民间还有一个美丽的传说。相传,妈祖亦即"天妃娘娘"或称"天后",本来是福建莆田湄洲的一林姓人家之女,原名林默。生于大海之滨的林默娘,熟习水性,通晓天文气象,这里的渔舟和途经的商船常常得到她的帮助。她救困扶危，治病消灾，因此得到人们的喜爱。去世后人们为了纪念她，立庙祭祀，渐渐地演变成为渔民的保护神，成为我国东南沿海一带渔民信奉的海洋女神。妈祖信仰后来又随着华人在世界各地的迁徙，成为世界各地华人社会共同信仰的保护神，拥有广泛的民间信仰基础，据说全世界现有一亿多妈祖信仰者。在东南亚，人们往往将妈祖与观音菩萨一起供奉，许多佛教徒都相信，妈祖就是观音菩萨的化身。

下海庙，俗称"夏海义王庙"，当时地处下海浦，长江船只入海处，现正对庙门的海门路，居民船民进庙烧香，常常手提装着香烛的篮子而过桥，故名提篮桥。那时候，从现在的北外滩东大名路至商丘路一带全是渔村，渔民们以打鱼为生，因此，多信奉被认作渔民保护神的妈祖娘娘，以祈祷出海一帆风顺，带来好运。每当渔民们出海打鱼之前，都要来这里敬香祷告，以求得妈祖保佑，出海平安，风平浪稳，收获丰盈，满载而归。打鱼归来后，也要来此还愿敬香，以感谢妈祖的护佑，平安归来。

当来到提篮桥海门路，呈现在眼前的一片黄墙黛瓦，飞檐翘角，古色古香，流光溢彩，庄严素雅的建筑群，这就是下海庙。下海庙山门朝南，大门口一对石狮神态生动，分立两旁，古铜色的大门上方，"下海庙"三个金色大字显得格外醒目飘逸。大门两边为书法家钱茂生书写的对联，上联为"慈恩无量迎四海归航"，下联为"心愿大悲济十方信众"。正门两侧辅门分别为真观门和正行门。

踏上洁净的石阶,进入山门,古朴雅致,一派安宁和谐气氛。这里有三殿,即前殿、中殿和后殿。前殿为天王殿,中殿为大雄宝殿,后殿为慈缘楼,这是一幢多功能大楼,底楼为法堂,顶楼为藏经阁。此外,还有钟鼓楼、东西厢房及斋堂等附属用房。那供奉的神像,安泰慈祥,姿态各异,生动逼真,栩栩如生,一派祥和。佛身贴金彩绘,金碧辉煌,五彩缤纷,庄严肃穆。这里常年锣磬声声,香烟袅袅,烛光闪闪,梵音缕缕。附近居民及远道而来的信众们对这里的菩萨有着特殊的敬仰,纷纷前来烧香拜佛,祈佑幸福、安定的美好愿景。

走出庙门,来到昆明路与海门路口的马路旁转身回望,紧贴庙宇右侧那小巧玲珑的街心花园里的玉兰、香樟、松柏、桂花、黄杨、红枫、紫藤等树木,枝干挺拔,枝繁叶茂,鸟语花香,景色宜人,与阳光蓝天下古韵悠悠,光彩耀目的下海庙建筑景物交相辉映,展现一幅自然风光与人文景观魅力相融的独特画卷。

崇明金鳌山掠影

崇明有山，谓之金鳌，此山占地21.1亩，坐落在崇明区城东约2公里处，依城而筑，直视长江，水天相含，气度不凡。拾级而上，步道蜿蜒，一步一景，绿树繁茂，翠竹挺拔，色彩斑斓，鸟语花香，空气清新。山有九峰，下凿莲池，池中有岛，岛上建亭，绿水萦绕，清雅幽静，诚有超然脱俗之感。

金鳌山早在宋、元时系人工所筑的一个形似巨鳌的土丘作为航海之标识。康熙七年(1668)重筑，峰上建藏经处，山前凿池，山后植紫竹林。关于此山，民间还流传着一个动人的故事。相传清雍正十一年(1733)，崇明人沈文镐参加殿试，中了探花，因一时兴起，便脱口而出，对皇帝禀道："微臣虽僻处小岛，但崇明面临东海，背靠长江；东有佘山捍卫海疆，西有狼山作为屏障；岛上还有金鳌山，山明水秀，确是个绝妙之处。"事后沈方醒悟，知已闯下大祸，因崇明当时实无山。为避欺君之罪，沈匆匆赶回崇明，发动当地百姓在一座形似巨鳌的土丘上挑土造景，遂垒成此山。

清康熙七年(1668),总兵张大治、知县王恭先征集民夫在寿安寿北重筑金鳌山,山有九峰,中峰最高,山前凿玉莲池,山后植紫竹林;康熙十七年(1678)、十九年(1680)又相继建金凤亭、魁星阁、释此亭等建筑。

清乾隆四十年(1775)知县范国泰有感于此处人杰地灵,于是发动城内商贾缙绅捐资重修,在原址上增设桥、亭、台、楼、榭、月圃诸胜。彼时园内已有得月楼、水香榭、大有亭、宁德亭、清凉洞等观景,一时引来骚人墨客,吟诗作对,激扬文字,留下了"鳌山有寺千秋画,江水无弦万古琴""寺内清山山外月,檐前绿水水中天"等佳句。

光绪十九年(1893),本邑乡绅冯泰松等集资将山上的藏经处改为镇海塔,塔高 16 米。意为镇海平潮,防坍保岛。每逢重阳佳节,游人结伴登高会友,欣赏四方怡人风景。

明嘉靖三十三年(1554)崇明知县唐一岑(字惟高,广西临桂县人)率军民英勇抵抗犯崇倭寇而献身,明皇帝敕其"光禄寺丞"。为祭祀唐一岑,于民国二十五年五月(1936)在鳌山桂树旁建纪念碑。昔日"金秋尝桂"为鳌山八景之一,今称"庭荫丛桂"。

金鳌山在抗日战争时期遭日军破坏殆尽。中华人民共和国成立后,经多次修缮,特别是 1981 年后,金鳌山被列为县级文物保护单位,市文物管理委员会和县政府多次拨款,修复、重建,成为了旅游名胜。

金鳌山不仅有着厚实的人文积淀,也有美不胜收的自然景观。山中有八景,即:鳌峰远眺、绿水环亭、长堤新柳、清远荷香、庭荫丛桂、梅林积雪、后乐观鱼、古刹钟声。乾隆时，崇明知县范国泰曾作"金鳌山八景"诗，现刻碑还保存在寿安寺大殿四壁。现"金鳌山"园名为1986年6月金鳌山正门重建竣工时，由时任全国人大常委会副委员长的著名历史学家周谷城先生题写。

　　金鳌山，小巧玲珑，典雅别致，动静相宜，风光旖旎，温婉烂漫，独领风骚。春日的午后，风和日丽，漫步在松杉灌木、幽花野草掩映的山路上，目及之处，满眼的绿，满眼的景，满眼的美，充满生机。尤其在清凉洞旁的那棵桧柏，迄今已有350年树龄，树干粗壮，遮天蔽日，像个卫士守护着山林，置身其间，你会感到庄严肃穆的气氛。登峰远眺，蓝天碧空，白云悠悠，江水奔流，波光闪闪，舟楫点点，鸥鸟飞翔，意境幽深，令人心旷神怡。此时，那一墙之隔的寿安寺里，隐约传来木鱼声和诵经念佛声，梵音飘荡，香火燎旺，袅袅娜娜飘忽在公园上空，环绕在镇海塔四周，久久不愿散去。

　　金鳌山，承载着说不完的沧桑历史，流传着道不尽的人文故事。饱经沧海桑田，度过兴废频仍，遭受风吹浪打，连同她的美名，秀丽质朴，依然屹立，盛誉不衰，千古传颂。金鳌山，是一座集历史、自然、人文、生态的有血有肉有情的山，更是一座充满神奇色彩和富有灵气的山，她洋溢出一派古朴宁静又生机盎然的万千风情，她象征着崇明人的善良、朴实、智慧、勤奋。

浓浓风情古银杏

在我的老家不远处,有一棵古老的银杏树,生长在崇明堡镇四滧村滧村镇北侧,至今已有近500年历史。据史料记载,那棵银杏树植于明万历二年,东株为雄,树高20.7米,树围4米,西株为雌,树高15.6米,树围2.25米。它经数百载风雨,历数百年沧桑,雄姿不减;它昂首苍穹,挺拔独秀,刚毅坚强;它年复一年,悠悠岁月,不知生长过又飘落过多少片树叶,才会有今天的枝繁叶茂,生机盎然,才会有像努力张开的巨大臂膀,撑起那向外倾斜的主枝,才会有形如蛟龙腾空,威严屹立的雄伟身姿。

家乡的那棵银杏树,是我们家乡人的骄傲。孩提时,我和家乡的小伙伴们时常到这里玩耍,冬天,看银杏树上的喜鹊忙碌着搭建"新家";春天,听树上的小喜鹊待在窝里叽叽喳喳叫个不停;夏天,在浓荫覆盖着的银杏树下,听大人们讲述那种神奇般的传说;秋天,围着银杏树追逐打闹,有时还会爬到树枝上探个究竟,感悟它那造化的伟大。

自从我 20 岁那年参军离开崇明岛,以后转业分配在市区工作,每次回家乡探亲,坐在开往家乡的轮船上,离开吴淞口后,只要看到崇明岛,就能看到那棵熟悉的银杏树,它高高地耸立在家乡的土地上。此时,我会顿然兴奋,一股亲切感油然而生。每当有人问我,你家住在崇明什么地方,我便会以树为起点并自豪地说,住在崇明岛上那棵最高最大树龄最长的银杏树附近。古老的银杏树早已扎根在我的心中,成为我人生的坐标。然而,也听乡亲们说,过去,这棵银杏树曾作为渔船或行风船的航标,用以指引航向。就这样,这棵银杏树,不仅成为人而且也成了行船的参照物。

于是,在与那银杏树的交往中,也发现了一些树的精神。那棵长得高大伟岸的古银杏树,靠的是不断向上扩展和向下扎根的努力和坚韧。据说,这棵银杏树曾遭受过多次雷击,其中在 20 世纪 80 年代的一次雷击中劈断了一根主枝,并渐渐地枯萎干死。但几年后,枯枝重新发出新芽,长出新枝,而且经历了险恶环境的考验之后,更是造就了它那顽强和抗争的性格,竟奇迹般地重又枝叶茂盛,焕发青春,充满生机和活力。

另据民间传说,当年有个财主想用这棵树做盖房和家具的材料,并雇人用锯子锯树。结果,当锯子刚要锯树时,树的根部流出鲜血,几条大蛇从树洞钻出扑来,吓得众人丢下锯子拔腿跑掉。从此以后,再也没有人敢打这棵树的主意。以后,人们也常常会讲着这里有鬼神出没的故事。然而,尽管这有声有色的传说、故事显得有些离奇,但每次来到这棵银杏树旁,总有一种神秘之感,无论在阳光下或月光下,银杏树上都仿佛镀上了一层飘忽的圣光,远远望去,宛若仙境。

银杏树,历经风雨,它的强大在年轮里扩展,给人以启示:无论你身在何处,无论你遇到多么恶劣的境况,无论身份多么卑微,你都应该努力,积极拼搏,像银杏树一样抗争,像银杏树一样活着。

可是在现实生活中,人与树相比,却缺少了这种精神,往往在得意的时候忘乎所以,在失意的时候怨天尤人,缺少镇定和从容,以致在旷野里迷失方向。因此,在漫漫的人生征途上,无论走多远,不忘却出发时的初心不迷惘行进中的方向,才会像银杏树一样具有坚韧的情怀,活出一个让人敬畏和尊重的人生。

我们可能去过许多地方,也看过许多古树大树,但真正能感动心灵的有几许?家乡的那棵银杏树,深深地扎根在乡土里,也深深地扎根在我的心中。同时,我也深深地祝愿家乡的那棵银杏树,永远年轻,永远生机盎然,朝气蓬勃。

有感三逛大世界

停业了 13 年之久的大世界,终于在 2016 年 12 月 28 日开始试运行,并于 2017 年 3 月正式营业,对公众开放。于是,近日我和妻子逛了一次大世界。这次来大世界,也是我人生中第三次到这里游览。三次游览,给我留下了三次不同的感想。

记得第一次来大世界,是在 1962 年的冬天,那年我 14 岁,是跟随哥哥一起来的。那是我人生中第二次离开家乡崇明岛到上海市区,也是第一次逛大世界,更是填补了当时流传的"不到大世界,枉来大上海"那句口号的空白。在当时,作为一名农村的孩子能逛上一次大世界,可算是真正见了一次大世面。那次游览大世界,从上午一直玩到晚上 10 点多才恋恋不舍离开。从看那或高或矮或胖或瘦趣味十足的哈哈镜到看滑稽、魔术、杂技、电影以及听沪剧、评弹、越剧等,台上的戏演得热闹,台下的人看得入神。大世界的演出,那流水一般的旋律,无懈可击的技巧,爆发力极强的高难度处理,无不达到醍醐灌顶的效果,引来观众掌声雷动。

大世界,所到之处都挤满了人。大世界那如此欢乐热闹的场面,以及那高耸的门楼圆塔,具有雕塑般的轩昂气派与造型美感的标志性建筑,还有那九转三回却又四通八达的连廊,无不给我留下了深深的印象。直到以后在60年代末到部队时,每每在战友面前讲起逛大世界的情景时,亦引以为豪,至今难以忘怀。

第二次来大世界,是在1995年。那是我从部队转业回到地方,被分配在市区工作,便利用星期天休息时间,特意逛了一次大世界。那次逛完大世界后,给我留下的印象与30多年前相比,简直是大相径庭。唱主角的不再是戏剧类,而是非戏剧性的碰碰车、桌球、舞厅、音乐厅等游艺项目,并成为"竞技世界"中的"大世界擂台"和"大世界吉尼斯纪录擂台"等活动场所,而且游客也比30年前少了许多,显得有些空荡、冷清。可以说,昔日那人们心目中的大世界形象和风光已渐行渐远了。

然而,今次来逛大世界,除了自1917年大世界开张时,从荷兰漂洋过海来到这里,至今仍保持着原汁原味的12面哈哈镜之外,无论从整体格局,还是节目内容上都发生了较大的变化和创新。如今的大舞台,成为沿袭传统、跨越创新、汇聚杂技、曲艺、歌舞、群艺的展示平台,内容更丰富、更翔实、更活跃;这里的非遗原生态展厅,提供展示、互动、交流、研讨平台,并持续邀请国内外非遗传承人参与;这里的传习教堂,为传承人、匠人与习者、观者、兴趣者提供互动、交流、研讨的非遗社交平台,还特设远程互动系统;这里的民俗文化展,引进全球珍贵的三民文化项目和作品,既有流传至今的技艺和表演,也不乏世界性民俗文化遗产;这里的

VP非遗展,更是借助国际顶尖虚拟现实技术,使体验者穿越百年街景,置身历史时空,看场景品文化。走马观花大世界,热闹、喧嚣、琳琅满目,现代与传统交相辉映,魅力无限,令人心生敬佩。

丰厚的历史底蕴和独特的人文家底,是一座城市的魅力所在。抚今追昔,这座建于1917年的上海大世界,总面积15 000平方米,是老上海人重要的游乐天堂,人称"远东第一游乐场",曾是海派文化的地标,亦是海上娱乐的经典,曾经嵌入几代人的记忆,更是在我们这座城市的时光流云中,弥散出温馨的岁月沧桑。其间,大世界几经变迁。先是从旧时的市民休闲的佳地、三教九流的集会地,到新中国成立后,1954年的"人民游乐场",1966年8月的"东方红剧场",1974年10月的"上海青年宫"等多次更名,直至1987年1月25日又重新恢复大世界的名称。但是在人们的心目中,无论怎么变更,大世界的名字总是根深蒂固。这次大世界的重新开放,以全新的面貌展现在世人面前,并以"非物质文化遗产"与"民俗、民族、民间"为主题,具有非遗展览、非遗表演、非遗传习、数字非遗和非遗美食五大功能,从而使海派文化的优良传统在人们"白相"过程中得以深化、弘扬和传承。

是呀,让大世界,乃至整个上海这座城市始终记住这美好的名字,她会唤起人们心灵文化的提升,生活环境的净化与真善美的追求。

闲步揽翠登佘山

夏日的一天,来到上海陆地唯一的自然山林资源的佘山国家森林公园。景区占地401公顷,蜿蜒连绵13公里。公园以山见长,以竹为景,以水为辅,中西合璧,古今交融,纯净自然绚丽的湖光山色和人文荟萃的历史文化及源远流长的宗教圣地闻名遐迩。这里有东佘山园、西佘山园、天马山园、小昆山园、月湖公园等,形成了各具特色和独特意境的景区。

从地铁9号线佘山站转乘92路公交车往佘山前行,透过车窗,道路两旁花草树木,遮荫蔽日,鸟语花香,美不胜收。远处青山碧翠和高耸的教堂尖顶,构成了一幅美妙的图画。蓝色的天空中飘浮着一朵朵像棉花糖一样白、一样软的白云,恰似放电影一样,在我的视线中移动着,那一幕幕画卷,又如快速地穿过画廊的感觉,这景致令人叫绝。

来到佘山景区,沿着石条铺就的台阶拾级而上,穿越森林,映入眼帘的是,千树碧翠,万树绿荫,苍松翠柏,古树名木,相互映衬,植被接天连地,随风摇曳,野趣天成。置身绿海,这里没有都市车水马龙的吵闹,也没有了让人身心憔悴的案牍之劳。这清新的山风,将暑热瞬间消失殆尽,这满目的绿啊,让人顿生自然静怡的绿色"氧吧"享受。此外,这里还是鸟的乐园,鸟声阵阵,悦耳动听,叫叫停停,一路相随。它们时而翱翔在蓝天白云间,时而钻进茂密的树林里,尽情地啼啭,飞飞停停,呼人为伴,与人叙谈……那自由、欢快、婉转的声韵,让人悦目舒心。

走进满目苍翠,云雾朦胧下的竹林,揽翠闲步,别具风采。那粗壮挺拔,郁郁葱葱,生机勃勃,延绵的翠竹你傍我,我依你,密密匝匝,层层叠叠,随山势而起伏,好似波涛翻滚,绵流不绝。那浓浓的叶子,就像游动的苍苍暮云,那密密的竹竿,就如婀娜的仙女,陪了雾,伴了风,舞之蹈之。身临其境,宛若如梦如幻,妙感盎然,心旷神怡。

这里的主要景点有,东佘山的眉公钓鱼矶、狮子岩、康熙题"兰笋山"等;西佘山的上海地区最古老、规模最大的天主教堂以及秀道者塔、地震博物馆、天文博物馆等;天马山的始建于宋元丰二年(1079),比建于1174年的意大利比萨斜塔倾斜度还要大,时间早95年的护珠宝光塔,以及上封寺、三高士文化纪念园等;小昆山的二陆读书台、二陆草堂、摩崖石刻、九峰寺等珍贵的历史遗存,更添其文化底蕴。每到之处,展现在人们面前的是一幅幅充满着独特迷人的历史画卷和淳朴秀美的山水风景,无不让人流连忘返。

佘山脚下的月湖雕塑公园,这是一座集现代雕塑艺术、现代建筑艺术、自然山体景观和高档休闲娱乐于一体的艺术乐园。景区以月湖为中心,环湖而建,辟有春、夏、秋、冬四大景观区域,园内有设计别致的水幕桥、独具匠心的水晶宫和被称为上海规模最大的水上舞台等多个具有国际先进设计理念的景观建筑。漫步在月湖公园,湖水清澈澄碧,洁净明丽宛如一幅色彩斑斓的水墨画卷,湖边林木葱茏,视野开阔。湖岸美丽的沙滩、宽敞的草坪、美观的栈道、高耸的雕塑,湖面倒映蓝天白云,恍若奇妙的梦幻世界,她紧紧地依偎着佘山,那一泓碧水像一块明镜镶嵌于青山之中,山水相映,风光旖旎;又像一双明亮的眸子含情脉脉,永远凝留着情人的坚韧与挺拔。

佘山,依托得天独厚的山水环境,孕育了美丽富饶的自然资源。这里物产丰富,美食佳肴风味独特。有堪称茶中精品,享有"上海龙井"美誉的佘山茶,被名列上海地区果园中桃之榜首的佘山水蜜桃和品质优良、无公害的佘山大米等当地土特产。尤其是佘山兰花笋当年曾获康熙皇帝的赞美,其鲜美的味道,可谓"笋中之王",深受人们的青睐。有道是有山有水有竹有茶有寺,就会有灵魂有灵气。佘山可谓是山水灵秀、环境优越、资源丰富,竹林延绵、茶香四溢、禅意悠悠、天生丽质的风水宝地。

漫步佘山,细细品味。佘山不高,没有泰山那样的雄姿,也没有华山那样的险峻,更看不出黄山那样的妩媚,但它足以堪称静美灵秀,惟妙惟肖。这里的月湖,既有夏威夷海滩的浪漫情怀,又有北戴河的瑰丽风采。佘山拥一山一湖,自得山水之灵韵,故仁者至,智者集,百业兴,民富足,此余之至乐也。置身佘山,在竹林中闲庭信步,在山水间寻幽探奇,在人文典故之韵中览胜观赏,古朴、清新、自然、秀美……

追寻崇明抗日往事

自从我童年时代记事起,常听父辈们讲述抗战时期日本侵略者在崇明犯下的罪行,以及崇明人民与日寇顽强作战的故事。然而,听得最多的是,1940年7月30日竖河镇遭日本侵略者大烧杀的事件,一直让我记忆犹新。

据史料记载和父辈们回忆称,那是在1938年3月8日,日本侵略者千余人从崇明岛中部南边海桥港登陆。从此崇明人民陷入了水深火热之中,一批爱国志士,为保家卫国,同日寇展开殊死斗争。1940年6月27日,崇总第一大队第二中队在米行镇渡港桥附近,利用鬼子未爆炸的炮弹改装的土地雷炸死鬼子28人。日寇屡遭车毁人亡、损兵折将的挫折后,恼羞成怒,调集上海等地大批日寇对崇明中东部地区多次进行围剿烧杀掳掠,无恶不作。

在这次大烧杀中,鬼子兵在汉奸引领下,兵分两路,以装甲车为前导,西起北二条竖河,东到汲浜镇,南至公路,北到老岸,方圆数十里范围内反复"扫荡",见屋就烧、见人就杀、见物就抢,历时一周时间,被杀群众数百人,被烧房屋 4 000 多间,涉及乡镇 18 个,一时间,整个岛上被枪声、杀声、哭声所笼罩着……

在这次大烧杀中,最为惨重的是 1940 年 7 月 30 日(农历六月廿六日)日寇对竖河镇的扫荡,他们将镇上居民及上早市的农民赶到镇上的城隍庙内,威逼他们交出游击队员未遂,即关闭大门,先是用机枪扫射,再投燃烧弹,致使 200 多平民葬身火海,无一生还,其状惨烈之极。此外,百余家大小商店、商摊被毁,1 400 余间居民住宅全部毁于烈火,顷刻间,一座百年老镇变为废墟。

在这次大烧杀中,我们家乡五滧地区的两户村民曾经历了这次日军的烧杀事件。其中与我同一生产队的村民何绍基,在竖河镇的烧杀现场目睹了这次烧杀的过程。当时 16 周岁的他跟随父亲在竖河镇上开的布店里工作,那天,也被日军押到庙内,有幸他身上带有"良民证",证明他是本镇店员而逃过一劫,保住了性命,可谓是日军屠刀下活下来的幸存者。老人在世时,每每回忆起那段硝烟中的往事,面庞总是布满沟壑。2019 年老人去世时,享年 97 岁。另外,家住五滧镇西的抗日游击队员樊发祥,由于汉奸出卖,他家的住宅及家人和邻居遭日军烧杀。据称,继 1940 年 7 月 30 日,竖河镇大烧杀后的第四天,1940 年 8 月 3 日,日军带领伪警 40 余人,包围了樊发祥的住宅,威逼群众交出樊发祥未果,恼羞成怒的日军就纵火烧毁樊家宅及周围 8 户民宅,房屋数十间,导致 28 户农民流离失所。第二天早晨又到樊发祥宅上,打死其父母、妻子、儿子、女儿,还刺死两名过路的学生,并把樊宅上的六七人关在沟东草屋里,点火烧屋,将人烧死,场面惨不忍睹。

为了让人们世世代代不能忘却外来侵略者的罪行,2015年,崇明县人民政府拨出专款,在竖河镇大烧杀旧址修建纪念馆,以实物、图片、文字、图表等历史资料,把人们带到了那战火纷飞的年代,生动再现了当年崇明人民在中国共产党领导下积极抗日、英勇杀敌、前仆后继、敢于牺牲的光辉事迹。2015年9月,崇明竖河镇大烧杀遗址被列为第六批上海市爱国主义教育基地名录。

秋日的一天,我来到这里参观。据介绍,馆内有展品400多件,涉及政府、抗日民众和日伪的武器、旗帜、证章、地图、报刊、书籍、信件等。那一件件实物、一幅幅照片、一张张图表和一件件珍贵的史料,直观全面地展示和诉说着日本侵略者在崇明岛所犯下的滔天罪行,同时,那一个个生动的故事里以及那一个个有情有义的英雄形象,记录着先辈们在民族生死关头用血肉之躯筑成抗击日寇的钢铁长城,以及浴血奋战、团结奋斗的光辉历史,充分展示了抗日军民大智大勇与敌寇周旋的抗战精神,展现出中华民族抵御侵略的铮铮铁骨,他们用鲜血和生命谱写了可歌可泣的壮丽诗篇,为世界反法西斯战争的胜利做出了巨大的牺牲和不可磨灭的贡献。

中华人民共和国成立以来,祖国发生了翻天覆地的巨大变化,中国军事实力雄厚,综合国力大大提高,令人感到扬眉吐气,威风大长。然而,我们一定要牢记历史,缅怀先烈,捍卫和平,把这刻骨铭心的记忆化为力量,为实现中华民族伟大复兴而克难奋进。

后记

说起旅游,多数人往往志在远方,或到国外的天南海北,或到祖国各地的名山大川。其实,在上海城郊就有许多既有江南传统特色的建筑,又有中西合璧等多元建筑的独特景观以及众多的名胜古迹值得一游,何必舍近求远。

近年来,随着年龄的增长,我经常乘坐公交或地铁进行上海城郊游,感觉方便极了,真是省事、省力又省钱。上海城郊游让我感受上海城郊自然风貌与宜居生态,体味上海城郊的传统乡愁与人文精神,更能了解上海城郊岁月深处的传统文化与历史文脉。

上海地处江海交汇的长江口,东海之滨,千里长江滚滚东流,悄悄地把珍贵的泥沙积淀于此,润泽万物,恩泽人民。同时,江河海洋自古以来就是人类文明传播的通道。海纳百川的上海城郊不同地域的人文资源各具特色,可谓是"人杰地灵"。青浦、松江、嘉定、金山成陆较早,地下遗迹较多;青浦、松江和金山北部地势低洼,物产以水稻、水产为主;奉贤、浦东东部和北部(原南汇、川沙)以及崇明,地处滨海,历史上能追回盐场兴旺繁荣的记忆;宝山、金山为海防要冲,军事重镇,战事颇多。从城市演变角度看,松江、嘉定、上海设县较早,历代名人雅士和文化遗迹较多。黄浦、静安、徐汇东部、虹口南部在近代租界、战乱时多处于中立状态,受战争破坏较轻,市政建设好。闸北、黄浦南部(原南市)则受战争破坏严重。了解上海,就是了解上海的历史底蕴。了解上海城郊,就是了解上海城郊的独特风景与魅力。

悠游上海城郊乐融融。我所到之处,将自己的所见所闻,分别以写景、状物、叙事、塑人等形式写成散文记录下来,与广大读者分享。写景,传递上海城郊风貌;状物,折射上海城郊文脉;叙事,凸显上海城郊风俗;塑人,揭示上海城郊神韵。

上海出自大自然的赋予,也是世界文明演进的馈赠。我在悠游上海城郊的过程,是挖掘上海城郊传统文化的过程,也是我了解、熟悉上海城郊的过程。这里绿油油的田野纵横,碧波荡漾的河水相连,白墙黛瓦的民居相映,仿佛"世外桃源"。它让我陶冶情操,让我梦萦情绕,让我度过休闲时光,更是让我放飞心情,享受大自然的无穷乐趣和充实我的人生旅程。

如今的上海,正在合着时代的节拍,朝着锦绣中华、世界风光异彩纷呈的目标奋进。悠游沪郊,美轮美奂,轻松自在,细细品味,其乐融融,我的上海城郊游,还刚刚开始……

图书在版编目(CIP)数据

沪游记乐 / 郭树清著. —上海：文汇出版社，2021.3
　ISBN 978-7-5496-3436-1

Ⅰ. ①沪… Ⅱ. ①郭… Ⅲ. ①散文集-中国-当代 Ⅳ. ①I267

中国版本图书馆 CIP 数据核字(2021)第 027078 号

沪游记乐

作　　者 / 郭树清
责任编辑 / 陈今夫
封面装帧 / 益　平

出版发行 / 文匯出版社
　　　　　上海市威海路 755 号
　　　　　（邮政编码 200041）
经　　销 / 全国新华书店
排　　版 / 南京展望文化发展有限公司
印刷装订 / 启东市人民印刷有限公司
版　　次 / 2021 年 3 月第 1 版
印　　次 / 2021 年 3 月第 1 次印刷
开　　本 / 890×1240　1/32
字　　数 / 160 千字
印　　张 / 8.25

ISBN 978-7-5496-3436-1
定　　价 / 45.00 元